憲法の視点と論点

新 版

憲法の視点と論点

新版

竹内重年著

信山社

新版はしがき

この本を出してから、はやすでに三年ばかりが経過した。この間におもいがけなく多くの人に読まれ、ここに「新版」を出すはこびとなったことは、著者として感謝にたえない。

こんどの新版を出すにあたっては、初版では捨て去られていた比較的短い文章も拾い集めるという方針をとった。その結果、小論、エッセー、コラムふうの短文、稀に書く欧文など合わせて一五篇が新たに加えられることになった。テーマもはなはだ多岐に及んでいる。私の政党論というような多分に啓蒙的なやや長い一文をはじめ、地方議会の病理を指摘した新聞コラム、住民投票の意義と役割について書いた短文、思い感ずるままに環境問題についての所感を披瀝したエッセー、教育的モチーフについて語った大学受験生へのメッセージ、それにほとんど一筆書きの研究室だよりの類まで編みこむといういささか欲ばった一冊が出ることになった。

「新版」の稿を読みかえしてつくづく思うのは、いずれも草卒の間に書いたものなので、思考も十分でなく、いまからみると思い至らぬ点もあるということである。与えられた紙幅の余裕も時間のゆとりもなく、筆もつたない。しかし、問題を考えるにあたって欠くことのできない視点と論点は、できるだけ平易な言葉で的確に提示しようとこころみた。ささやかな法学的思索の断章にすぎないが、私なりに学問的な筋は一本通してきたつもりである。この本のなかに何がしかの参考となることがらを読みとっていただければ、著者として望外のよろこびである。

この新版を編むにあたっては、新たに加えられる文章の位置づけを考慮して、初版におさめられた文章の配列の順序を入れかえたところもある。

新たに加えられる文章の配列については、初版本の五つのパートの部類わけに応じて整理した。各パートのなかでの文章の配列は、必ずしも執筆時期の先後に従わないで、私の憲法的視角や立場や社会的活動の歩みなどが、そこはかとなく浮かび出るように整理されていると思う。

著者としては、この新しい版がさらに多くの読者をえて、今後もひろく読まれることを願っている。初版のときと同様、こんども信山社の今井貴氏にとくにお世話になった。深く感謝の意を表したい。

なお、索引の補整については、明治大学大学院法学研究科または政治経済学研究科に在籍し、私の行政法を履修している諸君の協力を得たことを、ここに書きとめておきたい。

一九九九年一〇月

著　者

初版はしがき

この本は、おおむねここ十年ほどの間に、いくつかの雑誌や新聞に発表した論文とエッセーを集めたものである。大体において、『憲法論攷』（一九八五年）以降のものを中心として構成されている。ただし、目下の研究テーマであるドイツ政党法に関する研究論文や翻訳の類は除かれている。

ここにおさめられた文章は、そのほとんどが、そのときどきの編集者の求めに応じて草卒のうちに書いたものばかりであり、紙数の制限や時間の制約があって、舌足らずのものもある。いずれも鏤骨の作ではなく、雑文の類である。だが基本的には、憲法の視点から問題を追究し、その論点を考えるという私の問題意識が全体を一貫しているはずである。私はこの本を、法学部で専門に憲法を学ぼうとする人達だけでなく、政治・社会のあり方を支える規範としての憲法に深い関心をもつ一般の人びとにも、ひろく読んでもらいたいと思っている。どのテーマも現代法の生きたテーマであるといってよい。

文章の配列にあたっては、ⅠからⅤまでに部類わけして分類らしきものを設け、全体として、読み易くなるよう配慮したつもりであるが、それは内容的に厳密なものではない。

あえて一言するとすれば、Ⅰのパートにおさめられた小論の多くは、当為としての憲法を、その基礎をなす思想的基盤に遡って深く考えてみようと試みたものである。Ⅱはいささかジャーナリスティックな仕事であり、いわば評論的性格の濃いものである。Ⅲのパートに属するものは、学問の仕事の周辺で社会との関係をもち、地方行政の分野での実務の経験を機縁として生まれたものを主としている。環境基本条例や政治倫理条例は、いくらかの人の関心をひいたようである。Ⅳのパートは、私の忘れえぬ恩師への追懐から成る。その学恩は私の生涯の幸いというべきものである。いまは亡き恩師に尽きせぬ感謝の念を新たにしている。Ⅴのパートには、読書随想ほか研究余滴に類するものを配している。

それぞれの文章の末尾に、それがはじめて発表された紙誌と時期を記しておいた。

いま、時を置いて読みかえしてみると、なにぶんにも意に満たないところが多く、他日の考究を期している問題もいくつか残されているように思う。けれども、補筆訂正を加えることなく、すべて発表時の原型のままにとどめることにした。加筆訂正や削除をおこなうことによって、かえって短文の積み重ねである文章のリズムを損なうおそれがあると考えたからである。また時が流れ時差が生じてはいるものの、そこにいつもの自分なりの、自己同一性が映し出されているようにも思われるからである。

こんどこのような形で新しく本を編むにあたっては、信山社の今井貴氏のひとかたならぬご好意とご尽力をいただいた。ここにあつくお礼を申しあげる次第である。

また、明治大学大学院博士後期法学研究科公法専攻の諸坂佐利君は、面倒な索引の作成と校正の労を引き受けてくれた。特に記して深く感謝したい。

一九九六年一一月一日　明治大学創立記念の祝日に

明治大学法学部研究室にて

竹内重年

目　次

I　憲法のエトス

1 法治国家

法治国家(Rechtsstaat)とは、一言でいえば、政治が法によって支配される国家をいい、ドイツの学界でその原理は法治主義と呼ばれる。今日の法学においては、法治国家という語は二つの意味に用いられている。

第一に、形式的意味での法治国家とは、すべての国家権力の発動と限界を議会の定立した法律によって規範化し、独立の裁判所の権威によってその法律秩序を維持しようとする国家をいう。形式的意味の法治国家は、したがって〈法律国家(Gesetzesstaat)〉と呼ばれることがある。ここにいう法治国家においては、ことに行政および裁判の法律適合性の原則を確立することが重視され、また、行政権の行為によって国民の権利を侵害する場合には議会の行為としての法律に基づかなければならぬという〈法律の留保〉の原則を保障すべきことが要請される。

第二に実質的意味での法治国家の観念は、国家と国民との関係を内容的にとらえようとする。すなわち、そこでは、個人の尊厳を最高の価値と認め、すべての政治の目的はそれに仕えるものとみなし、憲法をもって個人の基本的人権を保障し、法律といえどもこれを侵すことを許さぬものとし、裁判所の権威によってその保障を確保しようとする国家が考えられている。よく知られているように、イギリスの政治体制の根本原理とされる〈法の支配（rule of law）〉の思想などは、そうした意味を多分に含んでいるといってよかろう。

法治国家の原理は、いうまでもなく専制的な権力によって絶対君主が恣意的に支配した警察国家（Polizeistaat）に対する反動として、個人の自由な生活領域を国家権力による侵害から擁護しようという政治的原理ないし政治的要求の標語として唱えられたものである。今日では、それは諸国においてほとんど自明の公理のように考えられている。もちろん、この原理がどのように実現されるかは、国により時代によって趣を異にし、必ずしも一様ではない。しかし、なんといっても、法治国家の観念を生んだのはドイツであり、その意味でそれはドイツに特有の内容と色彩を身につけているということができる。

ドイツにおける法治国家論の発展

ここで、ドイツにおける法治国家論の進展に一瞥を投ずることにしよう。ドイツにおいて法治国家の観念をはじめて体系的に説いた代表的提唱者は、ローベルト・フォン・モールRobert von Mohl（一七九九―一八七五）であった。モールは、その自由主義的世界観によって、これを説明した。彼によれば、法治国家は、国民によってその生活目的として承認されたいっさいの自然的諸力の発展を保護し促進することを目的としている。このために、統治権力の活動を法秩序の枠内においてのみ行わしめるとともに、もろもろの力の発展を、国民の力が及ばない場合に促進する任務を有しているのが、すなわち法治国家であるという。

ここで法治国家と考えられたものが、かなりの程度において、精神主義的要素を有するものであったことは、明らかであろう。

しかし、法治国家の観念には、その後いろいろな変遷が見られる。やがて法治国家の観念の重点は、国家作用の目的よりはむしろその手段方法におかれるようになった。そこではフリードリヒ・ユリウス・シュタールFriedrich Julius Stahl（一八〇二—六一）の述べるところが、注目される。彼によれば、〈国家は法治国家たるべきだ。これは現代の合言葉であり、また発展の原動力でもある。それは一方では国家活動の進路と限界を、他方では国民の自由にまかせられた領域を、法によって厳密に規定し、不可侵のものとして保障する。これが法治国家の概念である。……法治国家とは、そもそも国家の目的や内容（Ziel und Inhalt）を意味するものではなく、それらを実現するための態様と性格（Art und Charakter）をさすにすぎない〉。これらの言葉で述べられている法治国家といわれるものが、形式的法治国家に相当するものであることは明瞭である。

かような形式的法治国家の観念は、時の経過とともにドイツでは、一般国家学上の原理というよりはむしろ、行政権に対する法律的拘束の原理として、行政法学の領域において一般の注目をひくようになった。そうして、このような形式的法治国家の観念に理論的体系づけを与え、それをいっそう精密化したのが、ドイツ行政法学の創始者といわれるオットー・マイヤーOtto Mayer（一八四六—一九二四）である。彼によれば、法治国家は、次のような二つの内容をもつと考えられる。一つは、行政における〈法律の支配（Herrschaft des Gesetzes）〉ということである。法律の支配とは、議会の議決した法律が他の国家機関を拘束するということを意味し、法律だけが法規創造力を認められ、行政権による命令はいかなる場合にも法律に抵触することができないという〈法律の優位（Vorrang des Gesetzes）〉の原則をいう。他の一つは、〈法律の留保（Vorbehalt des Gesetzes）〉である。ここに法律の留保とは、国家権力による国民の権利義務に対する侵害は行政権によっては許されず、立法権の行為である法律に留保されるべきだという原則をいう。

そして、マイヤーによれば、法律に違反して行われた行政に対しては、通常の司法裁判所ではなく、とくにそのために設けられた行政裁判所（行政裁判）がその審査に当たるのが、もっとも妥当だと考えられていた。

ワイマール憲法の法治国家は、かような考えに基づいて制度化された著しい事例である。けれども、こういう法治国家には、いくつかの問題があった。非常に大きな問題は、それが国民の権利自由の保障のために、行政の活動をできるだけ精密な法律の規定によって拘束することを意図していたにもかかわらず、むしろ逆に、議会の制定した法律によりさえすれば、どのような権利自由の制約をもなしうるという傾向さえ助長し、実際上には——崩壊したワイマール共和国の歴史が示すように——独裁が、いわば合法的な手段によって築かれるという事態に対してはまったく無力とならざるをえなかったということであり、その結果、法律による無限の権力支配を許容してしまったのであった。また、一八六三年以降とくに設けられた特別な行政裁判所も、そこでは行政の特殊性が必要以上に強調されたため、国民の権利と自由の裁判的保障という機能を必ずしも十分に果たすことができなかった。

第二次大戦後の社会的法治国家

第二次大戦後の西ドイツにおいては、なによりもまず、個人の尊厳を人間社会における最高の価値と認め、これを尊重し、保護することをすべての国家権力の義務とみなし、法治国家の原則を確立した。すなわち、憲法が個人の基本的人権の保障を詳細かつ明確に規定するとともに、立法者といえどもその本質的内容を侵すことができない基本的人権としてこれを保障した。のみならず、いかなる国家行為も憲法に抵触することは許されず、立法者も憲法的秩序に拘束される。しかもその憲法的秩序は、たんに形式的に権利と自由を保障するにとどまらず、すべての国民に実質的な生存権を保障するという点に重きをおいた社会的法治国家の理念を標榜している。また公権力の行使によってその権利を侵害された場合には、何びとも、つねに裁判所に訴えてその救済を求める道が開かれている。そのうえ、包括的な憲法裁判（憲法裁判所）の制度を認めたことは、憲法の優位を確保し、完全な実質的法治国家の体制を実現しようとしたものということができよう。

第二次大戦前ドイツと同じ事情にあった日本が、日本国憲法にそって、法治国家を建て直し、法治主義を徹底させようとしていることは、きわめて当然というべきである。

（平凡社・大百科事典一三巻　一九八五年）

2　ワイマール憲法

第一次大戦後のドイツ革命によってドイツ帝政は崩壊し、それに代わっていわゆるワイマール共和国が成立した。一九一九年一月一九日の総選挙によって選ばれた国民議会が、二月六日チューリンゲンの小都市ワイマールに新しい憲法の制定を主要任務として召集され、七月三一日にドイツ共和国憲法(Reichsverfassung)を可決した。八月一一日大統領がこれを認証し、八月一四日公布、この日から実施された。そこで、この憲法をワイマール憲法(Weimarer Verfassung)と呼び、その時代のドイツをワイマール共和国というのが通例である。

ワイマール憲法は、法学者フーゴー・プロイスHugo Preuss（一八六〇―一九二五）の起草に基づくもので、前文および本文一八一条からなる法典である。本文は二編に分かたれ、第一編はドイツ国の構成と任務、第二編はドイツ人の基本権と基本義務にあてられている。いずれも、きわめて詳細な規定からなるが、統治の機構としては、典型的な議会制民主主義体制を採用し、国民の権利については、一般的な市民的自由の保障のほかに、いわゆる生存権的基本権をも保障し、形式・内容ともに二〇世紀の新しい憲法として諸国に知られ、また大きな影響をあたえた。

内容

この憲法の内容についてみると、その重要な特質とみなされるものとして、第一に国民主権主義を採用していることがあげられる。憲法はまずその前文でドイツ国民がこの憲法を制定した旨を宣言したのち、一条一項で〈ドイツ国は共和国である〉といい、また同条二項は〈国家権力は国民から発する〉と定め、国民主権主義を採ることを明らかにしている。国民は主権者として、議会の議員のほかに大統領も直接これを選挙する（二二、四一条）。議会の議員の選挙については、普通選挙、平等選挙、直接選挙、秘密選挙が保障されている（二二条）。また、大統領は、任期満了前においても議会の提案に基づき国民表決によってこれを解職することができる（四三条二項）。これは議会制民主主義に直接民主制的要素を採り入れたものとして注目されるべきであるが、この憲法の採用した直接民主制の制度的表現としてはさらに憲法改正の国民投票はもとより、国民発案や国民表決に基づく直接国民立法の形態が認められていたことも（七三、七四、七六条）指摘されなくてはなるまい。ただ、これらの直接民主制的な制度は実際にはそれほど利用されなかった。

第二の特質は、議院内閣制を憲法上の原則として採用し、これを成文化していることである。ワイマール憲法は、権力分立の要請に基づいて、行政権と立法権とをいちおう分離したといえるが、民主主義の要請に基づいて、行政権に対する民主的統制を実現するために政府と議会との間に抑制と均衡が図られている。すなわち、一方において政府を議会の信任にかからしめ、大統領の任免する宰相および国務大臣は、議会に対して責任を負い（五六条）、議会の信任がその在職の要件とされ（五四条）、また議会には大統領解職の提案権があたえられている（四三条二項）のに対し、他方、国民から直接選挙される大統領は議会の解散権をもち（二五条）、また議会の議決した法律について意見を異にするときには国民投票に訴えることもできる（七三条一項）。このように、大統領と議会とは、互いに他を牽制する権限をあたえられ、それによって議会と大統領との間に均衡の関係を保たしめようとしているところに、著しい特質があった。そして、この制度のもとに議会政治の強力な展開が期待されたのであるが、憲法の実際の運用においては大統領の解散権、宰相および国務大臣の任免権が議会に優越する力を示し、また本来国内の治安の維持回復のみを目的として認められ、めったに適用されない〈伝家の宝刀〉とみなされていた大統領の緊急命令権（四八条二項）が濫発され、その結果、議院内閣制とは対照的な大統領内閣ないしは大統領の独裁制に道を開くことになった。

第三の特質は、その権利の保障にあらわれた社会国家的傾向である。そこでは、第二編として、〈ドイツ人の基本権および基本義務〉という題名のもとに、個人（一〇九〜一一八条）、共同生活（一一九〜一三四条）、宗教および宗教団体（一三五〜一四一条）、教育および学校（一四二〜一五〇条）および経済生活（一五一〜一六五条）の五章にわたって、諸国の憲法に類例をみないほど詳細な規定が設けられている。そこには法律の前の平等（一〇九条）、人身の自由（一一四条）、表現の自由（一一八条）など、一九世紀的な自由主義原理に立脚するいくたの重要な自由権的基本権とならんで、精神的および肉体的の労働の権利（一五七、一五八条）、労働者および被傭者の企業経営参加権（一六五条）など、それまでの権利章典や人権宣言にはまったくみられなかった各種の社会的基本権（社会権）が保障されている。しかし、社会的基本権の最も著しい典型とされているのは、なんといっても第五章〈経済生活〉の冒頭に掲げられた〈人間に値する生存（ein menschenwürdiges Dasein）〉を保障することをもって経済秩序の基本となすべきことを定める条項（一五一条）であった（生存権）。これは、これまでのような〈国家からの自由〉の保障に代わって、国家による積極的な干渉、社会的弱者への国家の保護を強く要請したものであった。だが、この規定はどこまでも立法者に対する指針を定めるにとどまるものであったがために、それほど大きな実際的意義をもつものとはなりえなかった。それは、社会的基本権のもつ宿命的な弱点でもあったというべきであろう。けれども、憲法にこのような社会国家の理念が宣言されたということの思想史的意義はきわめて重大であり、これが諸国の人権宣言に大きな影響をあたえたことはいうまでもない。

終　焉

このような基本的特質をもつワイマール憲法は、二〇世紀における最も注目すべき典型的な憲法とみなされていた。しかし、一九三三年一月三〇日のヒトラーの政権掌握とともに開始されたナチス革命――いわゆる〈国民革命〉――によってワイマール憲法はその不幸なる運命をたどることになる。すなわち、同年三月二四日の授権法（正称は〈国民および国家の困難を除去するための法律〉）は政府に広大な法律制定権をあたえ、ヒトラー独裁のための基礎をつくりあげた。こうしてヒトラー政権は、ワイマール憲法を正式に廃止することなく、しかも、それをまったく無視して、合法的な手段によるナチスの独裁体制を成立させた。それによって、ワイマール憲法は国家の基本法たる実質的意味を失い、実際上、その生命を断ったといってよい。

（平凡社・大百科事典一五巻　一九八五年）

3　初めての政党内閣

一　事件の背景

日本で最初の政党は、一八八一年（明治一四年）に板垣退助らがつくった自由党であった。そして、その翌年には、大隈重信らが立憲改進党を結成した。しかしそのころは、まだ議会政治がみとめられていなかったので、これらの政党も、実際の政治にたずさわったわけではない。

政党が日本の政治のなかでその役割を演ずるようになるのは、いうまでもなく一八九〇年（明治二三年）七月に第一回衆議院議員総選挙が実施され、同年一一月に第一議会が開かれてからである。けれども、当時の政治を主導していた藩閥勢力は、立憲政治の運用について超然主義の立場をとり、政府は超然として政党の外に立たねばならぬものと考え、政党を敵視し、その勢力が強くなるのを押さえようと努めたのであった。

しかしながら、議会というものが多数決で政治を議する機関である以上、政党ぬきの議会を考えることはむずかしい。議会を通じて政党が政府にたいし次第に大きな力をもつようになり、政府と政党とのあいだに対立と抗争の状態が生まれ、政党を無視してはとうてい政治を運用してゆくことはできなくなった。

やがて一八九八年(明治三一年)には時の二大政党であった自由党と進歩党(もとの立憲改進党)とが藩閥政治の打破を目標とし合同して憲政党を組織し、衆議院の大多数はこの政党で占められるにいたった。だがこの新しくつくられた政党に対抗して、政治の衝にあたろうとする藩閥政治家は、誰ひとりとしていなかった。そこで時の総理大臣伊藤博文は決然と辞意を表明し、辞して後任として憲政党をひきいる大隈重信および板垣退助を推挙し、その結果、大隈・板垣に組閣の勅命が発せられることになった。

その年六月三〇日、憲政党内閣が成立した。大隈首相、板垣内相をはじめとし、その閣僚は――軍部大臣を除き――ことごとく憲政党の党員であった。これが政党を基礎とする日本ではじめての「政党内閣」である。隈板内閣という名でひろく知られている。

二 事件の意味

一 明治憲法の制定された当時には、時の政府の首脳者であり、かつ憲法草案のおもな起草者は、明白な政党政治の否定者であって、内閣は不偏不党、まったく政党の外に超然としているべきものであるという見解をもっていたことは明瞭である。伊藤博文らが、憲法発布の直後、政党内閣制について、憲法と相容れぬことをいかに力説したかは、人の知るところである。憲法制定の当時には、政党がみずから施政の局にあたる時が近く実現するであろうとは、ほとんど何人も、予想しないところであったろう。憲法施行後八年にしてそれを出現させたこの憲政党内閣の成立は、その意味で、憲政史上きわめて注目に値しよう。

明治憲法には、内閣についての明示的な規定はなく、議院内閣制は採用されず、国務大臣の任免は天皇の大権に属するものとされ(一〇条)、「国務各大臣ハ天皇ヲ輔弼シ其ノ責ニ任ス」(五五条)としか定められていなかった。これは、憲法起草者が内閣の進退を議会の左右にまかせない方針であったことを示している、と考えられる。この立場からすれば、政党内閣は、あるいは「憲法違反の内閣」であり、あるいは憲法上はみとめられない「不自然な内閣」という性格をもつものであることは、いうまでもなかろう。憲法制定の当時には、藩閥内閣の実体もあって、政府が超然内閣を主張するのは、むしろ自然の成り行きであった。

二　しかし、それにもかかわらず、明治憲法下でも政党内閣制がもっとも好ましいと論じた学者がいるという事実は、注意されなくてはならない。ことに、たんなる法律的思惟よりはむしろ立憲政治の発展的運用により多くの関心をもつ美濃部達吉が、次のように論じたという事実は、無視されてはならない。すなわち、美濃部の説くところによれば、憲法五五条の「国務大臣ハ天皇ヲ輔弼シ其ノ責ニ任ス」という条文は、国務大臣の単独責任制を定めたものではなく、それは「天皇の国務上の行為は国務大臣の輔弼がなければ、国務上の行為たる効力を生じない」ということを意味する。いいかえれば、天皇にかわって国務大臣が「責に任」ずるのである。では、国務大臣は天皇にかわって、何にたいして責に任ずるのか。これは、法律上の責任と政治上の責任に分けて考えられるが、政治上の責任とは、「大臣の議会に対する責任」である。美濃部は、かように説いたのち、次のような言葉で、政党内閣の必然性を論結している。

「国務各大臣は以上申す通り相共同して内閣を組織して内閣に於て国務を相談し、共同に其の責に任ずるものでありますから、内閣の各大臣は成るべく同じ政治上の意見を有って居る者から組織せらるゝことが自然の必要であります。……全内閣員が同一の政見を有すといふことは、政党の勢力の発達して居る国では、畢境同一の政党に属すといふことに帰するので、……其の自然の結果として内閣は議会の多数を占めて居る政党から組織せらるゝことに成るのは、免るべからざる自然の勢であります。」

これは、一九一二年（明治四五年）に出た「憲法講話」からの引用（一四九―一五〇頁）であるが、ここに引かれた見解には、明治憲法という枠組みのなかで可能なかぎりの民主的・立憲主義的解釈をこころみながら、政党内閣への道を開くための美濃部の学問的志向が強く出ているようにおもわれる。

三　明治憲法は、内閣の進退を議会にまかせる規定を欠いていたが、法律の制定も予算の成立も議会の議決が必要とされる以上、内閣が議会の意思を無視して政策を遂行することはできないのであるから、政治の実際においては、内閣も議会の支持を受けないでは、その地位を保つことは不可能であった。憲政党内閣の成立は、これまでほとんど薩長藩閥の手に独占されていた政権が、議会で多数を制する政党の手に移る端緒を開くこととなったのである。ただこの政党の勢力がもっぱら衆議院のみにかぎられていて貴族院には及ばないこと、また軍部大臣はつねに政党以外から任ぜられるものとされていたことから、これを純然たる政党内閣＝議院内閣であるとみることはできないであろう。

しかし、わが国にも、ようやく、このころから政党政治がおこなわれるようになったわけで、この内閣の成立によって一時的ではあっても、衆議院に基礎をおく政党内閣の慣行を成立させたことは、明治憲法下の立憲主義の成果であったと評価してよいであろう。

四　この内閣は、憲政党が衆議院に議員総数の八割以上の多数を擁して、その基礎は盤石のようにおもわれた。だが、結成されたばかりの憲政党は進歩・自由両派の確執と内紛の激化によって分裂し、自由党系は同じ名の憲政党を、進歩党系は憲政本党を組織した。その結果、閣内不統一をきたし、一八九八年一〇月末、憲政史上はじめての政党内閣といわれる隈板内閣はわずか四カ月で瓦解した。

その後一九〇〇年（明治三三年）には、立憲政友会という政党が組織され、かつて明治政府の中心人物として政党と争う立場にあった伊藤博文が、その総裁となって内閣を組織することになった。これはいうまでもなく、さきの憲政党内閣につぐ政党内閣であり、政党が政治的統合のうえに、大きな役割を果たすようになったことを示すものにほかならない。

かくして、ひとまず、政党内閣の慣行が成立したといってよいが、政党の勢力が伸びてきたとはいうものの、その後の実際政治の過程においては、衆議院を基礎とする政党政治を一元的に貫徹することができなかったことは人の知るとおりである。

〈参考文献〉
山崎丹照・内閣政治の研究（高山書院、一九四二年）
松岡八郎「日本における政党内閣の端初――隈板内閣の成立」東洋法学九巻四号
宮沢俊義「政府と政党の関係――わが憲政史の回顧」同・日本憲政史の研究（岩波書店、一九六八年）所収
（法学教室一一六号、一九九〇年五月）

4　普通選挙法成立

一　法制定の経過

一八八九年（明治二二年）に明治憲法が制定・公布され、この憲法によって、はじめて日本国民は選挙に参与する権利をもつようになった。

一八九〇年（明治二三年）七月、日本ではじめての衆議院議員の選挙がおこなわれた。そのために施行された衆議院議員選挙法（明治二二年法律三三号）によると、直接国税一五円以上を納付している二五歳以上の男子にしか、選挙権が与えられなかった。

その後、この税額は、一九〇〇年（明治三三年）に一〇円に、さらに一九一一年（明治四四年）に三円に引き下げられるが、選挙権をもつための納税の要件はそのまま維持された。

衆議院が設けられても、選挙権を有する国民の範囲をいちじるしくしぼったこういう制限選挙制にたいしては、財産の有無にかかわらず選挙権を与える制度、すなわち普通選挙を実施せよという強い要求を呼びおこした。

これが議会の問題となったのは、一九〇二年（明治三五年）、第一六議会に河野広中、花井卓蔵らによる選挙法改正案の衆議院提出がその最初であった。この案は、納税要件を撤廃して二〇歳以上の男子に選挙権を与えることを内容としていたが、委員会で否決され、本会議でもしたがって否決された。これと同じ案はその後もつづいて提出され、一九一一年（明治四四年）には、第二七議会の衆議院で多数をもって可決された。しかし、貴族院は穂積八束の「普通選挙ノ案ハ此貴族院ノ門ニ入ルベカラズ」という有名な演説ののち、満場一致をもってこれを否決してしまった。

その後しばらくは、ほとんど議会の問題とされなかった。ところが、大正デモクラシーの気運とともに、再び普通選挙を求める国民の運動がさかんになってきた。一九二〇年（大正九年）からまた普通選挙法案が衆議院に提出されはじめた。はじめのうち、できるだけ、これを押しつぶそうとしていた政府も、とうとう押さえきれなくなって、一九二五年（大正一四年）第五〇議会で普通選挙法が可決成立した。これによって財産上の制限がはじめて全廃され、二五歳以上の男子はすべて衆議院議員の選挙権をもつこととなったのである。

二　法制定の意味

一　選挙制度は民主政治の発達と共に次第にととのえられ、発展してきたものである。民主政治の発達は、選挙権拡張の歴史であったといってよい。普通選挙を求める運動は、すなわち、国民の選挙権獲得のための運動にほかならなかった。

明治憲法と共に施行された衆議院議員選挙法では、さきにのべられたように、選挙権に納税の要件がつけられており、直接国税年額一五円を納めなければ、国民は議員の選挙に加わることができなかった。こういう納税上の要件をまったく廃止させようというのが普通選挙の要求である。そのころは、米一升八銭であったといわれるから、一五円といえばたいへんな額であり、それだけの国税を納めるということは、相当の収入がある人でなければ、できなかったことである。この要件のため、大多数の国民は、議員の選挙からしめ出された。そのうえ国民の半数を占める女子には、まったく選挙権が与えられなかったので、有権者は総人口の一・一四パーセントという少数にすぎなかった。

これでは衆議院をして国民代表機関の実を発揮させることは、とうていできない。議会が国民のために演ずべき役割はきわめて重要であることはいうまでもないが、このような議会は「其実質ノ上ニ於キマシテハ富豪ノ議会デアル」というのが、おそらく妥当であったろう。

二　明治憲法は、国民の代表機関であるはずの衆議院の構成については、そのすべての議員が「公選」された者であることを要する旨を規定しているだけで、議員の公選方法については、すべてこれを法律にゆずっていたので（三五条）、社会の発展に応じて、有権者の範囲を拡大していく可能性が存し、ここに選挙法においてなされる改革が、きわめて大きな意味をもつことになったのである。

だが実際に政治を動かしている支配層は、なかなか選挙権を多くの人びとに拡張することに同意せず、むしろ民主化の方向への改革案を阻止する役割を演ずることが多かった。例えば、一九一一年（明治四四年）の第二七議会で衆議院を通過した普通選挙法案にたいし、貴族院の審議において、時の桂内閣の政府委員は、こういっている。

「この普通選挙という理想はそもそも天賦人権という所謂一時ヨーロッパにはやりました所の思想から起りました所のものであろうと存じます。……立憲の基礎において全然他の君主国と国体を異にしている所の我帝国では到底適応しない制度だと考える次第でございます。……もしかくのごとき制度をば採用致したならば、選挙人の識見が益々下がり……遂には多数なる下流社会が少数なる上流社会を圧倒せざればやまない所の結果をきたしはしないかというおそれを抱いているのでございまして、政府は徹頭徹尾之に反対を表します。」

これは、旧体制の支配層が普通選挙にどれほど強い危惧を示していたかを示すものとしてきわめて興味深い。かようにして選挙法の改革案は政府の強力な反対にあい、しばしば論議の対象とせられながらも、容易に実現をみるにいたらなかったのである。

三　やがて、しかし、第一次世界大戦は普通選挙運動に大きな拍車を与えた。世界戦争はわが国に多くの社会問題をもたらした。無産階級の台頭をうながし、それと共に普通選挙にたいする熾烈な要求がおこってきた。そして、選挙権を有産者にのみ与えることは、きわめて不当であって、立憲政治の要請にもとづき国民は国民たることにより選挙権をもつのが当然だ、と多くの人によって考えられるようになった。

こういう時代の趨勢のなかで、普通選挙制の確立にいちじるしい影響を与えたのが大正デモクラシーの代表的政論家として活躍した吉野作造であった。吉野が熱心に普通選挙を主張したのは、政治の目的は国民の利福にあり、政策決定は国民の意向によるべきであるとの根本思想にもとづいて、なるべく多くの国民を政府にたいするデモクラティック・コントロールに参加させようとの考えからであった。そして、普通選挙によって確立する衆議院にたいし政府は責任を負うべきであることを、強く訴えたのである。これは当時の、いわゆる「憲政の常道」を支援する理論であった。

普通選挙制の導入に際して吉野が演じた役割は、いうまでもなく、きわめて重大なものであった。時代の思潮に与えた多大の影響には図り知れないものがあったであろう。国民の政治参加の拡大と普通選挙制の実現を求める激しい政治運動は、ついにその勝利をおさめ、一八八九年（明治二二年）にはじめて衆議院議員選挙法が制定されてから三六年の時をへだてて、一九二五年（大正一四年）に男子普通選挙がやっとその実をむすんだのであった。これによって、有権者は、約一、二四〇万人と従前にくらべて一躍四倍に増加した。まさに国民の下からの要求によってもたらされた明治憲法下における日本の政治体制の民主化の、もっとも大きな成果の一つといってよいだろう。

四　だが、この普通選挙法は完全な普通選挙法ではなく、財産・納税による区別を撤廃したものの、女子には選挙権をみとめず、男子に与えられた選挙権・被選挙権もその年齢的制限が高すぎたということができよう（選挙権は満二五歳以上、被選挙権は満三〇歳以上）。また治安維持法と抱きあわせに成立したということも、注意すべきことであろう。治安維持法は、国民代表機関としての衆議院を国政の中心にしようとする普通選挙法の政治的効果を、大きく減殺する要素をもっていたからである。

日本の国民が、男女の区別なく、完全な普通選挙によって、国民代表をえらべるようになったのは、一九四六年（昭和二一年）に日本国憲法ができてからのことである。

〈**参考文献**〉

美濃部達吉・選挙法詳説（有斐閣、一九四八年）
芦部信喜「選挙制度」同・憲法と議会政（東京大学出版会、一九七一年）所収
杣正夫・日本選挙制度史（九州大学出版会、一九八六年）
松尾尊兊・普通選挙制度成立史の研究（岩波書店、一九八九年）

（法学教室一一六号、一九九〇年五月）

5　丸刈り裁判の問題点
——熊本地裁丸刈り訴訟判決——

はじめに

去る昭和六〇年一一月一三日の朝日新聞東京本社夕刊は、一面トップに「丸刈り強制校則は適法」という大見出しを掲げ、その日の午前に言い渡しのあった熊本地裁「丸刈り訴訟」判決を大きく報じていた。

この事件は、熊本県下のある公立中学校が男子生徒の髪形について校則で「丸刈り、長髪禁止」とするのは違憲・違法だ、として在学中の生徒が、その父母とともに、学校長と町を相手どり、校則の一部無効確認と損害賠償の支払いを求めて提訴していたものであった。折から校内暴力やいじめ事件が続発する一方で、体罰や校則の「厳しさ」など教育現場の管理化が社会問題になっているさなかでもあり、わが国ではじめてのめずらしい裁判例であっただけに、マスコミのレベルでも注目されたものとおもわれる。

この判決にたいしては、学校教育の名で、子どもの人権や表現の自由、親の教育権をすべて塗りつぶしてしまったものだとか、「丸刈り」を強制する者の利益だけを考慮し、それを強制される者の利益・不利益をまったくといっていいほど配慮していないとか、あるいは中学生の人格は未熟だから規制してよいという発想が見え見えであるといった強い批判があいついでいる。

そこで多くの人から非難があびせられた判決（月刊生徒指導一九八六年二月号掲載）の論理は、どのようなものであるか。判決の内容を紹介し、問題点を指摘することとしよう。

一　原告の主張と判決の概要

判決は原告の請求にそって展開されているから、その論点を明らかにするには、まず原告の主張からみていくのが適当だろう（原告の主張にたいする被告がわの反論は大筋において判旨とほぼ同じであるから、ここに摘記するのを省略する）。

(1)　原告の主張

原告の主張は二つに分けて考えられる。第一は、校則の無効確認請求である。すなわち、(ア)　校則の丸刈りを規定した部分の無効を確認すること、(イ)　無効であることを関係者に周知させること、(ウ)　校則違反を理由として不利益な処分をしないこと、を請求する。第二は、校則は違法であり、違法な校則によってこうむった損害の賠償を請求する。そして校則の違法性については、つぎのように主張する。

(i)　校則は憲法に違反する。すなわち、(ア)　原告の通学区の学校は丸刈りを強制するが、通学可能な地域に丸刈りを強制しない学校があるので、住居地により差別的取扱いをうけている。また丸刈りの校則が男子生徒にかぎって適用されるのは、性別による差別であって、憲法一四条に違反する。(イ) 頭髪という身体の一部について法定の手続によることなく切除を強制するものであるから、憲法三一条に違反する。(ウ) 丸刈りを定める校則は、個人の感性・美的感覚あるいは思想の表現である髪形の自由を侵害するものであるから、憲法二一条に違反する。(ii) 校長はその裁量権の範囲を逸脱して頭髪について規制を加えたのだから、校則のこの部分は違法であって、無効である。

(2) 判決の概要

以上のような原告の主張にたいし、裁判所は、結論的には被告の主張をほぼ認め、原告の訴えを退けた。すなわち、原告の請求のうち、校則の無効確認については原告の卒業を理由に訴えの利益はないとしてこれを却下し、損害賠償の請求についてのみ実体審理し、この校則に合理性がないと認めつつも、著しく不合理でなく、適法だと判示した。したがって、判決の要旨もこれに関連する部分にかぎり紹介しておこう。

(i) 校則は憲法違反か。

(ア) 憲法一四条違反の主張について。「校則は各中学校において独自に判断して定められるべきものであるから、それにより差別的取扱いをうけたとしても、合理的な差別であって、憲法一四条に違反しない」。丸刈り規定が男子生徒にのみ適用されるとしても、それは「髪形について異なる習慣」があることによるもので、「合理的差別」である。(イ) 憲法三一条違反の主張について。「本件校則には、校則に従わない場合に強制的に頭髪を切除する旨の規定はなく、かつ、強制的に切除することは予定していなかったから、憲法違反の主張は前提を欠くものである」。(ウ) 憲法二一条違反について。「髪形が思想等の表現であるとは特殊な場合を除き、見ることはできず、とくに中学生において髪形が思想等の表現であると見られる場合はきわめて稀有であるから、本件校則は憲法二一条に違反しない」。

(ii) 校長は裁量権を逸脱したか。

「中学校長は、教育の実現のため、生徒を規律する校則を定める包括的な権能を有する」が、その権能は、「無制限なものではありえず、中学校における教育に関連し、かつ、その内容が社会通念に照らして合理的と認められる範囲においてのみ是認される」。そして校則の具体的内容は、「最終的には中学校長の専門的・技術的な判断に委ねられるべきもの」であって、問題の校則が「教育を目的として定められたものである場合には、その内容が著しく不合理でないかぎり、右校則は違法とはならないというべきである」。そこでまず本件校則の制定目的について見ると、証人等の尋問の結果、「被告校長は、本件校則を教育目的で制定したものと認めうる」。つぎに校則の内容が合理的かどうかを検討すると、「丸刈りが中学生にふさわしい髪形であるという社会的合意があるとはいえず、スポーツをするのに最適ともいえず……また頭髪の規制をすることによって直ちに生徒の非行が防止されると判断することもできない。……してみると、本件校則の合理性については疑いを差し挟む余地のあることは否定できない」。けれども、丸刈りは「今なお男子児童生徒の髪形の一つとして社会的に承認され」たもので、「特異な髪形とはいえない」。そして、校則違反の生徒にたいしては、「校則を守るよう繰り返し指導し、あくまでも指導に応じない場合は懲戒処分として訓告の措置をとることとしており、……バリカン等で強制的に丸刈りにしてしまう」といった措置やその他の不利益措置は、講じていない。「右に認定した丸刈りの社会的許容性や本件校則の運用に照らすと、丸刈りを定めた本件校則の内容が著しく不合理であると判定することはできない」。

二　判決の問題点

以上に紹介したところから明らかなように、熊本地裁の判決は、「丸刈り」校則が違憲のゆえに無効だという原告の基本的な主張をきわめてあっさりと退け、もう一つの争点であった裁量権の逸脱の問題に論点を移し、ここでは、校長の裁量権を広く認め、かつ強調する立場をとっているところに特色がある。

(1)　髪形の自由は保障されているか

原告は憲法一四条、二一条および三一条を根拠として、丸刈り校則の違憲性を主張したが、さきに見たように、判旨はその主張をすべて排斥している。だから判旨が髪形の自由を憲法に由来する基本的人権と見ているかどうかは必ずしも明らかではないが、校長の裁量権の問題に関する説示とあわせ考えると、これを否定していると見ていいであろう。

憲法一四条違反について、原告は他の中学校の生徒や女生徒に比べて差別的取扱いをうけるとする解釈をとっているようであるが、判旨のいうように、校則は各学校ごとの特殊性に応じて定められるものであり、男女の差は必ずしも不合理ではない点からいって、一四条違反と見るのは無理であろう。

憲法三一条違反に当るかどうかについて、判決は、校則には、違反者の頭髪を強制的に切除する規定はなく、かつ、強制的な切除を予定していなかったから、違憲の主張は前提を欠く、といっているところから、もし校則に頭髪を強制的に切除する旨の規定があれば、憲法三一条の問題となる、と捉えているように見うけられる。けれども、校則で「丸刈り、長髪禁止」と定めれば、丸刈りをのぞまない生徒にも、その意に反して事実上、「丸刈り」が強いられると認めざるをえないにもかかわらず、この判決は、その点に目をおおっており、必ずしも説得力ある論旨とはいえないようにおもわれる。またこの判決は、憲法三一条が校則の制定手続に及ぶか、またその実体の適正をも要求するかという重要な問題については、全然ふれるところがない。その問題については、そこでなんらの判断がなされておらず、したがって、原告が憲法三一条を問題にしたことは、まったく無意味におわったというほかはなかろう。

憲法二一条違反についてはどうだろうか。これについて判決は、髪形が思想等の表現であるとは特殊な場合を除き見ることはできず、とくに中学生においては髪形が思想等の表現である場合はきわめて稀であるから、憲法二一条に違反しない、と判示した。たしかに、憲法二一条一項にいう「言論、出版その他一切の表現の自由」の概念に好むがままの髪形をする自由が含まれるかどうか、問題である。しかし、この判決のようにいい切ってしまっていいかどうかは疑問だといえよう。髪形が厳密な意味の思想の表現に当らないと見るのはいちおううなずけるとしても、それを生徒の自己表現とまったく無関係なものと見るのは、正当ではなかろう。

ここに判旨からはなれて、髪形の自由それ自体の問題について考えるならば、私はむしろ憲法上は一三条にその論拠を求めるのが妥当ではなかろうかとおもう。憲法一三条は個人尊重の原理を宣言し、人間人格の尊厳を憲法に内在する最高の価値と認め、すべての国民が一個の人間として可能なかぎりの自由を享受し、幸福を追求していく権利をもつ、という立場を表明している。したがって、憲法の条項で明文上保障されていなくとも、そこに基本的権利としての価値のソースを見出すことができるのではないか、と考えている。髪の長さや形という、とりわけ個人的なことがらを、どの程度憲法が保護するのか。憲法的レベルに高められる権利となりうるための「基準」を、どう考えるべきか。検討すべき問題は残されているが、すくなくとも実質的には、生徒にも自尊心にかなった髪形を整える自由が認められるべきものである、といえよう。

(2)　校長の裁量権とその限界

判決についてのもう一つ重要なポイントは、校則の制定に関する校長の裁量権にかかわる問題である。校長はいかなる範囲で裁量権を有すると見るべきかについて、この判決は、(ア)　教育に関連し、かつ、その内容が社会通念に照らして合理的と認められる範囲でのみ是認される、とした上で、(イ)　著しく不合理でないかぎり違法ではない、との限界を示しているが、そこでは校長の権能がかなり広い教育的裁量の余地あるものとして捉えられているようにおもわれる。問題は、いかなる場合に校則の内容が、「著しく不合理」とみなされることによって、違法となるか、の具体的検討である。この問題は、学校における生徒の権利自由をどのように評価し、それにもとづいて校則の具体的内容を法的にどう認定評価するか、にかかわってくるところであろう。

それでは、具体的にみて、本件のような「丸刈り、長髪禁止」もまた社会通念に照らして合理的なものといえるだろうか。この点について、判決は、一方で、丸刈り規定の根拠に合理性が乏しいと疑問をさしはさみつつも、他方で、丸刈りは今なお生徒の髪形の一つとして社会的に承認されているもので、特異な髪形とはいえず、校則の運用上からも著しく不合理だと判断はできない、と述べているが、その理由は説得的だとはいいがたい。そこで丸刈り規定の根拠そのものに疑問がもたれている以上、いかに指導の名のもとであっても、もはやその合理性を基礎づけることができるかどうかは、論理的には疑問だ、といわなければならない。丸刈りを強いる教育専門的理由は薄弱といってよかろう。またわが国現時の健全な社会人の良識という立場に立つ社会通念をもってすれば、丸刈りはむしろ「特異な髪形」に当るといわざるをえないのではなかろうか。髪形の特異性についての社会通念の判定は、かように、微妙であり、きわめてむずかしいから、裁判所としては、その判定にあたっては、慎重のうえにも慎重を期し、すくなくとも一般世人に可能なかぎり最大限の納得を与えるように努めてもらいたいとおもう。私見によれば、「丸刈り、長髪禁止」の校則は、違憲と断じえないとしても、そう簡単には適法たりえないであろう。この判決の論理は、あまりにも校長の裁量権を強調し、生徒の人権の不当な制限を許すものだ、と評されてもやむをえまい。

むすび

以上、感想の域を出ない論かも知れないが、とくに注目すべき論点にかぎって若干私見を述べてみた。ここではただ、校則が必要の度合いを越えて過度に広範な規制を行なうとき、教育の自由も、創造的な人格形成も、奪い去られてしまうであろうことを、指摘しておくにとどめよう。

こんどの判決で校則による生徒の管理強化の「おすみつき」がもらえたと考えるものがあったとすれば、きわめて遺憾というほかはない。

〈参考文献〉

本判決の批評として
阿部泰隆「男子中学生丸刈り校則―生徒の人権と専門裁量」月刊法学教室六五号
同「男子中学生丸刈り合法判決の問題点」月刊生徒指導一八巻二号
奥平康弘「熊本地裁『丸刈り』判決を読んで」法学セミナー三一巻二号
坂本秀夫「丸刈り裁判判決文の問題点」月刊生徒指導一八巻二号

（季刊教育法六二号、一九八六年四月）

6　信教の自由の基本構造

一　抑圧と殉教の歴史

信教の自由とは、いうまでもなく、宗教の自由を意味する。宗教の自由は、思想良心の自由と結びついて、西欧における自由主義思想の歴史的発展の中できわめて重要な役割を占めてきた。それは、すべての人間にとって欠くことのできない精神的な自由の基礎をなすものであるから、今日ではどこの国の憲法にも、ほとんど例外なく保障されている。

日本国憲法二〇条は、個人の信仰や布教活動などを確保するために信教の自由を保障し、また、この信教の自由を完全なものにするために国家と宗教との分離、すなわち「政教分離」について定めている。

日本国憲法の政教分離は、憲法制定のいきさつからしても、国家神道と政治の分離を狙いとしたと見なくてはならない。明治憲法二八条は「安寧秩序ヲ妨ケス及臣民タルノ義務ニ背カサル限ニ於テ信教ノ自由」を保障していたが、天皇崇拝の精神的基盤を固めるために、天皇の祖先を神々として崇める宗教――神社または惟神道――が国教的地位におかれていた。

神社を信仰することは、「臣民タルノ義務」とされていた。神社は、仏教やキリスト教などのほかの宗教とは違った特別の待遇を受けていた。神宮・神社を公法人とし、神官・神職には官吏の地位が与えられた。公の儀式として行われる神社的儀式に官吏は参列する義務を負わされ、一般国民にも「臣民タルノ義務」として神社参拝が強制された。

したがって、「信教の自由」は神社の国教的地位と両立する限度で認められたにすぎず、実際には宗教の自由はまったく骨ぬきになっていた。国家神道以外の宗教は冷遇され、弾圧された宗教も少なくなかった。弾圧からの解放のために、多くの殉教の歴史が綴られることともなった。

文字の上の憲法では信教の自由を定めながら、ひとり神社に国教的地位を認め、国民に神道の信仰を強制することは、明らかに矛盾である。

この矛盾を突かれると、政府は、「神社は宗教にあらず」と強弁した。神社は祖先崇拝の祭りであって宗教ではないというのである。そうしてこの神社に与えられた国教的地位とその教義が、国家主義あるいは軍国主義の精神的基礎をなしたということができる。

終戦がこういう状況に大きな変革を与えた。日本国憲法は、明治憲法のもとで信教の自由がまったく否定されていたことにかえりみ、信教の自由を徹底的に確立し、国家と宗教を分離した。

政教分離の原則は、神社の国教性を明白に否認したところに特別な意味があることを注意すべきである。

二　信教の自由の徹底的保障

日本国憲法は、こういう歴史的な背景をふまえて、信教の自由について、とくに詳しい規定を置いている。すなわち、第二〇条第一項には、「信教の自由は、何人に対してもこれを保障する」と定める。明治憲法では、さきに述べたように、宗教の自由の限度が設けられていたが、日本国憲法は、その限度や限界をすべて取り除いた。そこに日本国憲法の大きな特色がある。

信教の自由をほんとうに確保するためには、国家が宗教に口出しをせず、どこまでも中立的な態度をとる必要がある。そこで、日本国憲法では二〇条一項後段において、「いかなる宗教団体も、国から特権を受け、または政治上の権力を行使してはならない」と規定している。

また、「何人も宗教上の行為、祝典、儀式または行事に参加することを強制されない」としている。この結果、神社への参拝を強制したり、特定の祈禱礼拝などを強制することは許されなくなった。これからは何人も、自分の信じない宗教上の行事などに強制的に参加させられることはなく、それに参加するかどうかは各人の自由であって、公権力によって、この種の行為への参加を強制することを禁じたのである。

その上で、国や公共団体は「宗教教育その他いかなる宗教的活動もしてはならない」ということをはっきりと定め、国家と特定の宗教が結びつくことを禁止した。

したがって、たとえば靖国神社を国家で運営するようなことは許されない。特定の宗教を助長することは、ほかの宗教に対して被害を与えることになるので、そういうことをしてはいけない。国家はあくまで宗教と無縁でなくてはならない。

こうして日本国憲法は、信教の自由を徹底的に保障して、国家と宗教との分離を明確にしたのである。

三　三つの自由

では、憲法に保障された宗教の自由の意味内容は、具体的にどのようなものであろうか。その性質によってこれを三つに分けることができる。

まず第一に、内心における「信仰の自由」が保障されている。すなわち、特定の宗教を信仰し、または信仰しないことが自由であるということである。

信仰するとしてどの宗教を選ぶかも、その人の自由であって、公権力の干渉を受けないで、各人は自由にその信仰を決めることが保障されている。それはまったく内心の自由の問題だから、そのかぎりでは、思想および良心の自由（憲法一九条）の一種とも考えられるが、信教の自由としても保障される。この自由にはもちろん、自分の信仰について沈黙を守る自由も含まれている。

したがって、国家が個人にその信仰の告白を強制したり、「踏み絵」のような信仰に反する行為を強制することは許されない。

このように、信仰の自由を現実に担保するためには、何を信じるかの自由、信じたことを告白する自由、信仰について沈黙を守る自由がどうしても保障される必要があろう。

第二に、「宗教的行為の自由」が保障されている。すなわち、信仰の目的で祭壇を設けたり、堂を建てたりして、礼拝祈禱その他の宗教上の祝典、儀式、行事等を行う自由が保障される。

もちろん、宗教的行為の自由は、当然にそれをしない自由をも含むことはいうまでもない。したがって、宗教的行為の強制は絶対に許されない。

そして第三に、「宗教的結社の自由」がある。すなわち、宗教的行為を行うことを目的とする団体、つまり宗教団体を結成することが保障されている。それは結社の自由（憲法二一条）の保障の一部ともいえるが、それとは別に信教の自由の保障には宗教的結社の自由が含まれる。

宗教活動にとっては複数の人が集合して信仰を深めることが望ましく、宗教的結社の自由はきわめて重要である。

また、その教義を宣伝し、信者を獲得する活動は、とりわけ重要である。そのために、他の宗教の信者を説得して改宗させることも信教の自由に含まれると見なくてはならない。

このような自由を欠いては、宗教は絶対に育ちえないといってよい。

以上が、信教の自由の重要な意味内容だが、このような自由をその反面から保障するものとして政教分離の原則が位置づけられる。

四　必須の前提

「国家が特定の宗教と結びついて、他の宗教を圧迫することとは、西欧の歴史においても著しかったところで、信教の自由の確立には、国家と宗教との分離の行われることが必須の前提となる。このことは、国家神道による国民の精神的支配という苦い経験をなめたわが国にとっては、とくに重要な原則といわなければならない」。

この言葉は憲法学の泰斗鵜飼信成教授（一九〇六―八七年、昭和の代表的な憲法・行政法学者。東京大学教授、日本学士院会員などを歴任。）が、その著『要説憲法』の中で述べたものである。教授は、国家神道によって信教の自由が圧迫された苦い経験をもつわが国にとっては、国家と宗教との分離が信教の自由確立のための「必須の前提」であると説いたのである。

信教の自由の保障を完全なものにするためには、国家が宗教と絶縁し、あらゆる宗教に対して中立の態度をとることが必要とされる。すなわち、国家がある特定の宗教を優遇することは、それだけでそれ以外の異教徒や無宗教者に不利益を与え、その自由を抑圧する結果になる。

だから、憲法は国家の宗教的な中立性ないし国家と宗教との厳格な分離を要請する。それによって、国家が国民の宗教生活に介入することをかたく禁じようとしたのである。

そこで次に、政教分離の具体的な意味内容についてもう少し立ち入って考えてみたい。

五　政教分離の具体的意味

憲法はまず第一に、その二〇条一項の後段で宗教団体が「国から特権を受け」てはならないと定める。これは、国や公共団体が宗教団体に何らかの特権を与えてはいけないという趣旨である。特定の宗教団体に特権を与えてはいけないだけでなく、宗教団体に一般の団体とは違った特権を与えることも禁止する意である。

「特権」とは、簡単にいえば、他の宗教団体や一般の国民に与えられていない優遇的な地位とか利益をいう。たとえば、明治憲法のもとでは神社を公法人として、神官神職には官吏の地位を与えた。そういうことは特権賦与にあたるので、日本国憲法のもとではもはや許されないことである。また、特定の宗教に国教的地位を与えることも許されない。

さらに、宗教団体に対して補助金その他名目のいかんにかかわらず、公金を支出し、あるいは免税措置を定めるなど、経済的な特権を与えることも禁止されている。

ただ、ここで断っておくが、法人税法（七条）が、公益法人・社会福祉法人・学校法人とともに宗教法人につき、その所得で収益事業から生じた所得以外の所得に対して、法人税を課さないと定めているのは、別に特権を与えたことにはならない。

それは、とくに宗教団体なるがゆえに免税したわけではなく、一般的に各種の非営利的な法人の一定の所得に対して免税措置を講じた結果、宗教法人もその恩典に浴したにすぎないのだから、ここにいう「特権」を受けたことにはならない。

こんどの政治改革で、国家のカネが政党に助成されることになった。この点に関して、宗教団体が支持する政党に対して国家のカネを出すことは、政教分離に反するのではないか、政教一致ではないかという議論が行われているらしい。しかし、それはまったくおかしな議論である。

もしもそういう議論がまかり通ると、宗教団体の支持あるがゆえに一般の政党よりも不利な扱いがなされる結果になり、かえって信教の自由を害することになろう。それはまた平等原則にも反する恐れがあるといってよい。

宗教団体にもその構成員にも政治活動の自由が認められるから、憲法がその政治活動を禁止していると解することには無理がある。憲法上の「政教分離」とは、国家と宗教とを厳格に分離し、国家権力が宗教に介入することを禁止する意であるから、宗教団体と政党との結びつきをもってただちに政教不分離＝政教一致と非難するのは、妥当ではなかろう。

憲法二〇条一項後段は、宗教団体が「政治上の権力」を行使してはならないと定める。これは宗教団体による統治権の行使を禁ずる意であるが、現代の日本では、統治権は国または公共団体に独占されており、宗教団体がこれを行使することなどはまず考えられないことである。

六　国による宗教的活動の禁止

第二に重要なことは、国による宗教的活動の禁止である。憲法二〇条三項は、国または公共団体が「宗教的活動」を行うことを禁止している。

国や公共団体が宗教的な行為を国民に強制することは、宗教的行為の自由を侵害するものとして絶対に許されないことはすでに述べたが、憲法二〇条三項は、信教の自由を徹底させ、個人の信仰の自由が国家権力によって制約されることがないようにするため、国が宗教的な活動を行うこと自体を禁止したのである。

ここで禁止されている「宗教的活動」というのは、いっさいの宗教上の活動を含み、特定の宗教の布教・宣伝を目的とする行為はもちろん、祈禱とか礼拝その他宗教上の儀式や式典行事などはすべてここにいう宗教的活動に含まれるので、国や公共団体がそういう行為をしてはならない。

もっとも、いろんな行事の中には、その行事のもともとの意味は宗教的な色彩の濃いものであっても、長年の間に日常生活に溶け込んでしまって、習俗化したようなものがある。たとえば、節分の豆まきとか正月の門松やしめ縄とかクリスマスの飾りものといったものは、今日ではまったく宗教的意味をもたない習俗的行事と考えられる。

こういう行事については、国や公共団体がそれを行っても、ただちに政教分離に反することにはならないということができる。

七　目的・効果の基準

では憲法が禁止する国およびその機関の「宗教的活動」とは、どのような活動をいうのだろうか。どのような宗教的活動が政教分離違反とみなされるのか。この点については、最高裁判所が、かの津地鎮祭事件の判決（最大判一九七七・七・一三民集三一巻四号五三三頁）で、次のように説いているのを注意してみよう。

すなわち最高裁は、国家と宗教との完全分離を実現することは、実際上不可能に近いものであり、政教分離規定の保障の対象となる国家と宗教との分離にもおのずから一定の限界がある、という立場から、「政教分離原則は、国家が宗教的に中立であることを要求するものではあるが、国家が宗教とのかかわり合いをもつことを全く許さないとするものではなく、宗教とのかかわり合いをもたらす行為の目的及び効果にかんがみ、そのかかわり合いが右の〔わが国の社会的・文化的〕諸条件に照らし相当とされる限度を超えるものと認められる場合にこれを許さないものであると解すべきである」と述べたうえで、憲法二〇条三項の禁止する「宗教的活動」とは、「当該行為の目的が宗教的意味をもち、その効果が宗教に対する援助・助長・促進または圧迫・干渉等になるような行為をいう」と解し、この基準に照らせば、地鎮祭はそれにあたらない、と判示した。

つまり、地鎮祭は、宗教とのかかわり合いをもつものであることは否定しえないが、その目的は世俗的な建築上の儀礼にすぎず、その効果は神道を援助・助長・促進しまたは他の宗教に圧迫・干渉を加えるものとは認められないから、憲法二〇条三項が禁じている宗教的活動とはいえない、というのである。ここで示された基準を学者は「目的・効果」基準と呼んでいる。

人の知るように、この目的・効果基準は、アメリカ法で、判例上発達した判断基準であるが、それは、①行為の目的が世俗的（secular purpose）であり、②行為の効果が特定の宗教を助長・促進（advance）または圧迫（inhibit）するものでなく、③行為が国家と宗教とのあいだに過度のかかわり合い（entanglement）をもたらさないこと、という三つの要件について、問題となった行為を吟味し、そのすべてを充たさなければ政教分離違反となる、というものであり、その基準の適用はかなり厳格に行われていることは、多くの学者によって指摘されているところである。それにくらべると、最高裁の判断は、政教分離の原則をルーズに解しており、厳しさを欠くものであって、憲法の精神から見て、とうてい是認できるわけのものではない。

　この判決には、五裁判官の反対意見があり、五裁判官は、そこで、多数意見と違った解釈を示しているのが注目される。すなわち、政教分離原則は「国家と宗教との徹底的な分離」を意味するとし、多数意見の解釈に従えば「国家と宗教との結びつきを容易にし、ひいては信教の自由そのものをゆるがすことになりかねない」と断じたのち、「習俗的行事化しているものであってもなお宗教性があると認められる宗教的な習俗的行事」は、宗教的活動であり、その具体的な効果について考えてみても、「神社神道を優遇しこれを援助する結果となる」から、憲法二〇条三項に違反し許されないと論結している。

　私の見るところでは、五裁判官の反対意見に賛すべきだということになろう。

地鎮祭についていえば、神主が神道の儀式にのっとって執り行ったものであるから、当然宗教的な活動にあたるといわなくてはならない。

八　信教の自由擁護のために不断の努力を

　以上において、日本国憲法における信教の自由の基本構造と政教分離原則の具体的な意味内容について、私自身の考えているところを述べてきた。そこで最後に、信教の自由擁護のために一言しておきたい。

世間にはまだまだ宗教というものに冷淡な人が多いようだが、信教の自由を獲得するためには、なみなみならぬ努力を必要とした。それは先人の多年にわたる努力の成果として保障されたものだということを、ゆめ忘れてはなるまい。

したがって、この尊い遺産は「国民の不断の努力によって」どこまでも大切に保持していかなくてはならない。日本国憲法が保障する信教の自由を、ただ単に紙の上の文字だけに終わらせないためには、すべての人が心のうちに信教の自由の思想をしっかりと刻み込んで、日常生活の中でそれを実現していく努力を続けることが、何より必要であろう。信教の自由の保障は何よりもそうした努力の積み重ねによってのみ、確立される。

信教の自由が確保されず、人間精神の自由が認められないような社会は、その発展を期待できない。この自由があることによって、少なくとも近代の社会は、前代の停滞性を超えて新しい発展をとげてきたのである。この意味において、信教の自由を欠くことは絶対に許されぬであろう。

（自由四二〇号、一九九五年二月）

7　信教の自由と政教分離の憲法的意義

一　信教の自由抑圧の歴史

信教の自由というのは、いうまでもなく、宗教の自由のことである。宗教の自由は、思想良心の自由と結びついて、西欧における自由主義思想の歴史的発展の中できわめて重要な役割を占めていた。それは、すべての人間にとって欠くことのできない精神的自由の基礎をなすものといっても、別にいいすぎではない。信教の自由の問題は、人権宣言を生み出す大きな原動力になった。したがって、信教の自由は「人権宣言の花形」として、今日ではどこの国の憲法にも、ほとんど例外なく保障されている。

明治憲法も、もちろん信教の自由を保障していた。しかし、実際には、信教の自由はながらく存在しないに等しかった。明治憲法の起草者・伊藤博文は、信教の自由がなければ、人知・自然の発達を阻害し、また学術の進歩・発展を妨げることになるという考えのもとに、信教の自由を憲法で定めたのだった。

しかし、その第二八条には、「安寧秩序を妨げず、臣民たるの義務に背かざる限りにおいて」という限界が示されていて、そこにすでに信教の自由そのものの根本原則に反するような、臣民の義務が定められていたのである。だから、明治憲法は、宗教を信ずる自由を完全には保障してはいなかったといってよい。

政府は当時、神道を国の宗教として扱い、神社は、仏教やキリスト教などのほかの宗教とは違った特別の待遇を受けていた。神社を公法人とし、神官神職を官吏とした。国民のすべてに神社参拝が強制され、これが「臣民たるの義務」であった。公の儀式はすべて神道の方式に従って行われ、官公吏は、神道の儀式に参列することを義務づけられていた。

したがって、「信教の自由」は神社の国教的地位と両立する限度で認められたにすぎず、実際には宗教の自由などはなかったのである。国家神道以外の宗教は冷遇され、弾圧された宗教も少なくなかった。

このように、憲法で信教の自由を定めながら、ひとり神社には国教的地位を認め、国民に神道の信仰を強制することは、明らかに矛盾である。ところが政府はその矛盾を突かれると、「神社は宗教ではない」と強弁した。神社は祖先崇拝の祭りであって宗教ではないというのである。そうしてこの神社に与えられた国教的地位とその教義が、極端な国家主義や軍国主義の精神的支柱となったのである。

明治以来そのような状態が続いていたが、ポツダム宣言の受諾によって、太平洋戦争が終わるとともに、その状態が根本から改められることになった。アメリカをはじめとする連合国は日本をよく研究していて、憲法の条文では宗教の自由を謳ってはいるが、日本には宗教の自由はないと知っていた。

そこで、日本を新しい民主主義の国にするためには、まずいちばんに宗教の自由を確立すべきだと考え、ポツダム宣言の第一〇項で、「宗教の自由」を確立せよと要求してきた。

ＧＨＱはそれを受けて、一九四五年一二月一五日、日本国政府に対し、「神道の国家からの分離、神道の教義からの軍国主義的・超国家主義思想の抹殺」などを命じた「国教分離の指令」を出した。俗に「神道指令」といっているが、この指令により、神社の国教的地位が廃止され、国家と宗教との分離がここにはじめて実現されることになった。

いうまでもなく、現在の日本国憲法には信教の自由が規定されているが、このように日本国憲法の制定にさきだって、まず宗教の自由が確立されたことは、まことに意義深い。

二　日本国憲法が保障する「信教の自由」の意味内容

日本国憲法は、こうした歴史的な背景をふまえて、信教の自由について、とくに詳しい規定を置いている。すなわち、第二〇条第一項には、「信教の自由は、何人に対してもこれを保障する」と定める。明治憲法では、さきに述べたように、宗教の自由の限度が設けられていたが、日本国憲法は、その限度や限界をすべて取り除いた。そこに日本国憲法の大きな特色がある。

信教の自由をほんとうに確保するためには、国家が宗教に口出しをせず、どこまでも中立的な態度をとる必要がある。そこで、日本国憲法では二〇条一項後段において、「いかなる宗教団体も、国から特権を受け、または政治上の権力を行使してはならない」と規定している。

また、「何人も宗教上の行為、祝典、儀式または行事に参加することを強制されない」としている。今まで神社に強制的に参拝させていたことを深く反省し、これからは何人も、自分の信じない宗教上の行事などに強制的に参加させられることはなく、それに参加するかどうかは各人の自由としたわけである。

その上で、国や公共団体は「宗教教育その他いかなる宗教的活動もしてはならない」ということをはっきりと定め、国家と特定の宗教が結びつくことを禁止した。したがって、たとえば靖国神社を国家で運営するようなことは許されない。特定の宗教を助長することは、ほかの宗教に対して被害を与えることになるので、そういうことをしてはいけない。国家はあくまで宗教と無縁でなくてはならない。これを「政教分離」という。こうして日本国憲法は、信教の自由というものを徹底的に保障して、国家と宗教との分離を明確にしたのである。

それでは、憲法に保障された宗教の自由の意味内容は、具体的にどのようなものであるか。その性質によってこれを三つに分けることができる。

まず第一に、内心における「信仰の自由」。どの宗教を選ぶかは、その人の自由だということである。この内心の信仰心は、おのずから態度に表れるものである。自分の信仰を告白し、外部に表明することも自由である。

信仰告白の自由は、表現の自由（憲法二一条）の一部でもあり、それは表現の自由として保障されるはずだが、その上にさらに信教の自由としても保障される。この自由にはもちろん、自分の信仰について沈黙を守る自由も含まれている。したがって、国家が個人にその信仰の告白を強制したり、「踏み絵」のような信仰に反する行為を強制することは許されない。このように、信仰の自由を現実に担保するためには、何を信じるかの自由、信じたことを告白する自由、信仰について沈黙を守る自由がどうしても保障される必要がある。

そして第二に、「宗教を宣伝する自由」がある。これは単なる信仰告白の自由と違って、もう少し積極的に布教・宣伝を行う自由である。宗教にとって、その教義を宣伝し、信者を獲得する活動は、とりわけ重要である。そのためには、宗教的結社の自由が認められなくてはならないであろう。他の宗教を批判したり、他の宗教の信者を説得して改宗させるということも、信教の自由に含まれるとみなくてはなるまい。このような布教宣伝の自由があってはじめて宗教は、国民の間にひろく伝播するであろう。このような自由を欠いては、宗教は絶対に育ちえないといってもよい。

さらに第三に、「宗教的行為の自由」が認められている。宗教的行為とは、信仰の告白としてなされるすべての行為をいう。礼拝し、祈禱を行い、あるいは宗教的な集会を開き、結社をつくることもすべて含まれる。もちろん、宗教的行為の自由は、当然に、それをしない自由をも含むことはいうまでもない。したがって、宗教的行為の強制は絶対に許されない。

以上が、信教の自由の中心的意味内容だが、このような信教の自由をその反面から保障するものとして、政教分離の原則が位置づけられる。

三　国家と宗教の分離が必須の前提

かつて私が憲法を学んだ恩師・鵜飼信成教授は、国家と宗教との分離について、その著『要説憲法』

の中で次のように論じられている。

すなわち、「国家が特定の宗教と結びついて、他の宗教を圧迫することは、西欧の歴史においても著しかったところで、信教の自由の確立には、国家と宗教との分離の行われることが必須の前提となる。このことは、国家神道による国民の精神的支配という苦い経験をなめたわが国にとっては、とくに重要な原則といわなければならない」と説き、人間精神の自由の中核としての信教の自由が、わが国でとりわけ重要であることを明確に述べられている。

この本は先生が署名して私にくださったものであるが、私はいつも何かの問題を調べるときは、まず試みに先生は何といっておられるかと思って先生の著作を取り出して読んでいる。師とはまことにありがたいものである。

少し話が脇道にそれたので、もとに戻ろう。国家が国教を設けたり、特定の宗教に特権的な地位を与えて、国家と宗教とが結びつき、その結果、異教徒や無宗教者に対して、宗教的な迫害が加えられるということが過去の歴史にあったことは否定できない。そうした歴史の示すところに照らして、国家と宗教が結びつくこと自体が、個々人の宗教の自由に対する圧迫となる。だから、どうしても国家の宗教的な中立性ないし国家と宗教との分離が要請される。それによって、国家が国民の宗教生活に介入することをかたく禁じようというのである。

四　宗教団体にも政治活動の自由がある

ところで最近、宗教団体の支持する政党が政権の一端を担ったことで、それが政教分離の原則に背くのではないかという、非難があがっているとのことなので、この点に少し触れておこうと思う。

政治上の言論の自由と結社の自由が確保され、国民の政治参加が憲法で保障されている以上、政党が生まれるのは必然のことであり、何人にも政党支持の自由があることはいうまでもない。宗教団体にもその構成員にも政治活動の自由があるはずなのに、まるで憲法がそれを禁止しているかのように考えるのは、大きな誤りである。

ここでは何よりも、憲法の定める「政教分離」の真意を、より正確に理解しておくことが要求される。憲法が定めた「政教分離」の規定の性格については、これを一種の制度的な保障だとみる学者もある。つまり、憲法は信教の自由を確保するための手段として政教分離という制度を保障したのだとみる立場である。こういう立場からすれば、政教分離は、信教の自由確保という目的のための手段として位置づけられることになる。したがって、その目的を妨げることがないなら、国家と宗教が結びつくことも許されるのだ、という解釈を生む恐れがある。これは危険である。日本国憲法は明治憲法と違い信教の自由を無条件に保障しているのであるから、かような解釈をとることは妥当ではなかろう。

政教分離は信教の自由のための単なる「手段」ではなく、それは信教の自由の確立にとって、「必須の前提」なのである。信教の自由の確保にとって政教分離は不可欠である。国家は絶対に宗教と絶縁しなければならない、と解すべきである。

そこで次に、政教分離の具体的な意味内容についてもう少し立ち入って考えてみたい。憲法はまず第一に、その二〇条一項の後段で宗教団体が「国から特権を受け」てはならないと定める。これは、国や公共団体が宗教団体に何らかの特権を与えてはいけないという趣旨である。特定の宗教団体に特権を与えてはいけないだけでなく、宗教団体に一般の団体とは違った特権を与えることも禁止する意である。「特権」とは、簡単にいえば、他の宗教団体や一般の国民に与えられていない優遇的な地位とか利益をいう。たとえば、明治憲法のもとでは神社を公法人として、神官神職には官吏の地位を与えた。そういうことは特権賦与にあたるので、日本国憲法のもとではもはや許されないことである。それからまた、特定の宗教に国教的地位を与えることも許されない。

さらに、宗教団体に対して補助金その他名目のいかんにかかわらず、公金を支出し、あるいは免税措置を定めるなど、経済的な特権を与えることも禁止されている。地方公共団体のなかには、靖国神社や護国神社に対して「玉串料」などの名目で公金を支出しているところがあるようだが、これはその金額の多少にかかわらず、憲法二〇条および八九条に反する行為であると解される。

ただ、ここで断っておくが、法人税法（七条）が、公益法人・社会福祉法人・学校法人とともに宗教法人につき、その所得で収益事業から生じた所得以外の所得に対して、法人税を課さないと定めているのは、別に特権を与えたことにはならない。それは、とくに宗教団体なるがゆえに免税したわけではなく、一般的に各種の非営利的な法人の一定の所得に対して免税措置を講じた結果、宗教法人もその恩典に浴したにすぎないのだから、ここにいう「特権」を受けたことにはならないであろう。

五　政党は国民と国家を結ぶ議会政治の生命線

こんどの政治改革で、国家のカネが政党に助成されることになった。この点に関して、宗教団体が支持する政党に対して国家のカネを出すことは、政教分離に反するのではないか、政教一致ではないかという議論が行われているらしい。しかし、それはまったくおかしな議論である。

政党への公費助成の内容は広く知られているから、ここには深く論じないが、公費助成制度を導入して他の政党に助成しながら、特定の政党にだけ助成してはならないというのは正当とはいえないだろう。もしもそういうことが行われると、宗教団体の支持あるがゆえに一般の政党よりも不利な扱いがなされる結果になり、かえって信教の自由を害することになろう。それはまた平等原則にも反する恐れがあるといってよい。

私は多年ドイツ政党法の研究に従事してきた一人の学徒として、こんどの政党助成法にはどうしても賛成できないのだが、議会政治の運用のためには、政党の存在が不可欠であることは否定しない。政党は「現代政治の生命線」といわれるほど、今日の政治においてそれが占める地位と役割は重大である。その意味で、民主国家の国民は政党への関心を高め、政党の性格をよく理解し、政党を通して積極的に国政に働きかける努力をしなくてはならぬと思う。

ドイツの偉大な法学者ライプホルツ（一九〇一―八二年、二〇世紀ドイツの生んだ傑出した公法学者。連邦憲法裁判所裁判官も務めた。）は、「現代国家において何百万もの選挙民を政治的活動能力のある集団にまとめる可能性をもつものは、政党をおいてはほかにない。政党は、成年に達した国民が政治的決定をくだし、自己の見解をはっきりと主張するために利用しうるメガフォンである」と喝破した。

このように、現代民主政治のもとで政党は、国民の意向をくみとり、国民の意向にもとづく政治を行うために、「国民と国家機関との間の結合をうながす媒介的な役目」を果たしているのである。

しかし政党そのものは決して国家機関ではない、ということに注意する必要があろう。政党は、国会とか内閣とか裁判所というような国家機関ではなく、社会的領域で自由に形成された組織体なのである。

世間には、宗教政党は政権を担ってはいけないとか、政治権力をもってはいけないといって、宗教政党が政権の一端を担うことをもって政教一致だといって難じる人がいるらしい。しかし政教一致というのは「国家」が「宗教」と結びつくことであるから、そういう批判はあたらない。

ここに統治機構としての「国家」に対する「政党」の関係について私個人の意見を簡潔にいえば、政党は、その自由な社会的団体としての性格を失うことなく、かつ、みずから直接に国家権力を行使することなしに、憲法上の国家機関、すなわち国会や内閣にきわめて大きな影響力をおよぼす存在だということができる。

したがって、政治結社としての政党が国民にその政策の意義を説明し、国民の関心を政治に引き寄せ、議会の舞台や政府の閣僚を通じて、国民の意思を国民にかわって国家機関に働きかけていくことは、むしろその本来の任務に属するといってよい。繰り返しいうが、「政教分離」とは、国家と宗教とを厳格に分離し、国家が宗教に介入することを禁止する意であるから、政党が宗教とかかわることを禁ずる理由はないのである。

憲法二〇条一項後段は、宗教団体が「政治上の権力」を行使してはならないと定める。これは宗教団体による統治権の行使を禁ずる意であるが、現代の日本では、統治権は国または公共団体に独占されており、宗教団体がこれを行使することなどはまず考えられないことである。

六　国家と宗教との厳格分離を緩和した最高裁判所

さて、政教分離の意味内容の第二に重要なことは、国による宗教的活動の禁止である。憲法二〇条三項は、国または公共団体が「宗教的活動」を行うことを禁止している。

国や公共団体が宗教的な活動を行い、それへの参加を国民に強制することは、宗教的行為の自由を侵害するものとして絶対に許されないことはすでに述べたが、憲法二〇条三項は、信教の自由を徹底させ、個人の信仰の自由が国家権力によって制約されることがないようにするため、国が宗教的な活動を行うこと自体を禁止したのである。

ここで禁止されている「宗教的活動」というのは、いっさいの宗教上の活動を含み、特定の宗教の布教・宣伝を目的とする行為はもちろん、祈禱や礼拝、その他宗教上の儀式や式典行事などはすべてここにいう宗教的活動に含まれるので、国や公共団体がそういう行為をしてはならない。

もっとも、いろんな行事の中には、その行事のもともとの意味は宗教的な色彩の濃いものであっても、長年の間に日常生活に溶け込んでしまって、習俗化したようなものがある。たとえば、節分の豆まきとか正月の門松やしめ縄とかクリスマスの飾りものといったものは、今日ではまったく宗教的意味をもたない習俗的行事と考えられる。こういう行事については、国や公共団体がそれを行っても、ただちに政教分離に反することにはならないということができる。

だが問題は、それでは宗教的な活動なのか、習俗的な行事なのか、の判断をどこに置くかである。この点は、一九七一年五月一四日の津地鎮祭訴訟の名古屋高等裁判所の判決が、非常に適切な基準を示していると私は思う。

基準の第一は、その行為の主宰者が宗教家かどうか。第二に、行為の順序・作法が宗教界で定められたものなのかどうか。第三に、その行為が一般人にとって違和感なく、すんなり受け入れられる程度に普遍性をもっているかどうか。この三つの基準のうち、一つでも宗教活動性があれば、それはもはや習俗行事だとはいえない、と解される。

ところが、この事件で最高裁判所は、国家と宗教との分離といっても、それが国家と宗教とのかかわり合いをいっさい排除するものと考えるのは適当ではないとして、ある行為の目的が宗教的な意義をもち、その効果が宗教に対する援助・助長・促進、あるいは逆に、圧迫・干渉など過度のかかわり合いを促すものになるかどうかによって判断すべきである、という考え方を示している（一九七七年七月十三日判決）。

そして最高裁判所は、こうした観点から地鎮祭は憲法二〇条三項の禁止する宗教的活動にはあたらないと認めた。最高裁判所判決で用いられたこの基準は、学者の間でいわゆる目的・効果基準と呼ばれるもので、アメリカの判例にも同じような考え方がみられるが、この基準は、国家と宗教とのゆるやかな分離を是認する可能性がある点で問題があると思われる。

地鎮祭についていえば、神主が神道の儀式にのっとって執り行ったものであるから、当然宗教的な活動にあたるといわなくてはならない。

以上によって、日本国憲法における信教の自由と政教分離の主要な論点の意味とその内容について説明したので、終わりに、私の思いの一端を一言しておきたい。

世間にはまだまだ宗教というものに冷淡な人が多いようだが、信教の自由を獲得するためには、なみなみならぬ努力を必要とした。それは先人の多年にわたる努力の成果として保障されたものだということを、ゆめ忘れてはなるまい。

したがって、この尊い遺産は「国民の不断の努力によって」どこまでも大切に保持していかなくてはならない。日本国憲法が保障する信教の自由を、ただ単に紙の上の文字だけに終わらせないためには、すべての人が心のうちに信教の自由の思想をしっかりと刻み込んで、日常生活の中でそれを実現していく努力を続けることが、何より大切である。

モンテスキューはその『法の精神』の中で、宗教は、「人間が人間としての誠実さをもちうるための最良の保証人」(二四の八)であるといっている。

信教の自由が確保されず、人間精神の自由が認められないような社会は、その発展を期待できない。

この自由があることによって、少なくとも近代の社会は、前代の停滞性を超えて新しい発展をとげてきたのである。そういう意味でも、信教の自由というものを大切にしていかなくてはならないと私は思う。

（潮四二二号、一九九四年五月）

8 政教分離と「靖国公式参拝」の問題点

一 憲法は国家神道と政治の分離を目ざす

自・社・さ連立政権のもとで迎えた戦後四九回目の八月一五日、村山内閣の閣僚が靖国神社を参拝した。参拝閣僚は自民党から六人、新党さきがけから一人の七閣僚。なかでも、橋本龍太郎通産相、高村正彦経企庁長官、玉沢徳一郎防衛庁長官は、「神道形式で参拝した」としており、参拝の際の記帳については、橋本氏が「日本遺族会会長、通商産業大臣」、高村氏が「国務大臣」とするなど、閣僚の公式参拝ではないかとの疑いを強く残している。今年もまた憲法問題として、大きな論議となることに変わりはなかろう。

この問題の論点は、いうまでもなく日本国憲法二〇条の定める信教の自由と政教分離原則の問題である。憲法二〇条は、個人の信仰や布教活動などを確保するために信教の自由を保障し、また、この信教の自由を完全なものにするために国家と宗教との分離、すなわち「政教分離」について定めている。

日本国憲法の政教分離は、憲法制定のいきさつからしても、国家神道と政治の分離を狙いとしたと見なくてはならない。明治憲法二八条は「安寧秩序ヲ妨ケス及臣民タルノ義務ニ背カサル限ニ於テ信教ノ自由」を保障していたが、神道（神社）が国教的地位におかれていた。神社を信仰することは、「臣民タルノ義務」とされていた。神社は、仏教やキリスト教などのほかの宗教とは違った特別の待遇を受けていた。神宮・神社を公法人とし、神官・神職には官吏の地位が与えられた。公の儀式として行われる神社的儀式に官吏は参列する義務を負わされ、一般国民にも「臣民タルノ義務」として神社参拝が強制された。

したがって、「信教の自由」は神社の国教的地位と両立する限度で認められたにすぎず、実際には宗教の自由はまったく骨ぬきになっていた。国家神道以外の宗教は冷遇され、弾圧された宗教も少なくなかった。弾圧からの解放のために、多くの殉教の歴史が綴られることともなった。

紙の上の憲法では信教の自由を定めながら、ひとり神社に国教的地位を認め、国民に神道の信仰を強制することは、明らかに矛盾である。この矛盾を突かれると、政府は、「神社は宗教にあらず」と強弁した。神社は祖先崇拝の祭りであって宗教ではないというのである。そうしてこの神社に与えられた国教的地位とその教義が、国家主義あるいは軍国主義の精神的基礎をなしたということができる。

終戦がこういう状況に大きな変革を与えた。日本国憲法は、明治憲法のもとで信教の自由がまったく否定されていたことにかえりみ、信教の自由を徹底的に確立し、国家と宗教を分離した。政教分離の原則は、神社の国教性を明白に否認したところに特別の意味があることを注意すべきである。

日本国憲法二〇条三項は、国およびその機関が「宗教的活動」を行うことを禁止している。この規定がある限り、閣僚の靖国神社参拝を「違憲でない」という理屈はむずかしかろう。しかし、閣僚が公式参拝するためには、それを「違憲でない」といわなくてはならない。そのためには、第一に神道・靖国神社を宗教団体ではないとして、それへの参拝は宗教的な活動ではないというか、あるいは第二に閣僚の参拝を、私人としての参拝であって国の機関としての参拝ではないとするかの、いずれか一つ、あるいはこの二つを主張するしかないであろう。

しかし、公式参拝に関する限りは「国の機関」としての参拝ということであるから、私人としての参拝といえない。したがって、第二の理由づけは困難になることは明白である。

総理・閣僚の靖国神社への公式参拝については、政府もこれまで「違憲の疑いがある」との立場をとってきた。一九八〇年一一月一七日の政府統一見解も、この第一の理由づけはとらず、靖国神社参拝が「宗教的な活動」であることを認めたうえで、公式参拝、すなわち総理・閣僚としての資格で行う参拝は「違憲ではないかとの疑いをなお否定できない」とはっきり述べており、「差し控えることを一貫した方針」としてきたのであった。

ところが一九八五年に「閣僚の靖国神社参拝に関する懇談会」、いわゆる「靖国懇」が、その報告書において、閣僚の公式参拝も憲法上許容されるとし、ただ参拝の方法が追悼の方法としてふさわしく、政教分離の原則に抵触しないと認められる方式をとるよう提案した。それをきっかけに、当時の中曽根内閣は靖国神社の公式参拝に踏み切った。しかし、外国の反発、とりわけアジア諸国の強い批判を浴びて、一年きりで中止された。

二　政教分離をルーズに解した最高裁

では憲法が禁止する国およびその機関の「宗教的活動」とはどのような活動をいうのだろうか。どのような宗教的活動が政教分離違反とみなされるのか。この点については、最高裁判所が、かの津地鎮祭事件の判決〔最大判一九七七・七・一三民集三一巻四号五三三頁〕で、次のように説いているのに注意する必要があろう。

すなわち最高裁は、国家と宗教との完全分離を実現することは、実際上不可能に近いものであり、政教分離規定の保障の対象となる国家と宗教との分離にもおのずから一定の限界がある、という立場から、「政教分離原則は、国家が宗教的に中立であることを要求するものではあるが、国家が宗教とのかかわり合いをもつことを全く許さないとするものではなく、宗教とのかかわり合いをもたらす行為の目的及び効果にかんがみ、そのかかわり合いが右の〔わが国の社会的・文化的〕諸条件に照らし相当とされる限度を超えるものと認められる場合にこれを許さないものであると解すべきである」と述べたうえで、憲法二〇条三項の禁止する「宗教的活動」とは、「当該行為の目的が宗教的意味をもち、その効果が宗教に対する援助・助長・促進または圧迫・干渉等になるような行為をいう」と解し、この基準に照らせば、地鎮祭はそれにあたらない、と判示した。つまり、地鎮祭は、宗教とのかかわり合いをもつものであることは否定し得ないが、その目的は世俗的な建築上の儀礼にすぎず、その効果は神道を援助・助長・促進しまたは他の宗教に圧迫・干渉を加えるものとは認められないから、憲法二〇条三項が禁じている宗教的活動とはいえない、というのである。ここで示された基準を学者は「目的・効果」基準と呼んでいる。

人の知るように、この目的・効果基準は、アメリカ法で、判例上発達した判断基準であるが、それは、①行為の目的が世俗的であり、②行為の効果が特定の宗教を援助・助長または圧迫するものでなく、③行為が国家と宗教とのあいだに過度のかかわり合いをもたらさないこと、という三つの要件について、問題となった行為を吟味し、そのすべてを充たさなければ政教分離違反となる、というものであり、その基準の適用はかなり厳格に行われていることは、多くの学者によって指摘されているところである。それにくらべると、最高裁の判断は、政教分離の原則をルーズに解しており、厳しさを欠くものであって、憲法の精神から見て、とうてい是認できるわけのものではない。

この判決には、五裁判官の反対意見があり、五裁判官は、そこで、多数意見と違った解釈を示しているのが注目される。すなわち、政教分離原則は「国家と宗教との徹底的な分離」を意味するとし、多数意見の解釈に従えば「国家と宗教との結びつきを容易にし、ひいては信教の自由そのものをゆるがすことになりかねない」と断じたのち、「習俗的行事化しているものであってもなお宗教性があると認められる宗教的な習俗的行事」は、宗教的活動であり、その具体的な効果について考えてみても、「神社神道を優遇しこれを援助する結果となる」から、憲法二〇条三項に違反し許されないと論結している。私の見るところでは、五裁判官の反対意見に賛すべきだということになろう。

三　最高裁判決を援用しても靖国神社公式参拝は違憲

この地鎮祭判決は、政教分離問題のリーディング・ケースとして、各方面に大きな影響を与えた。閣僚の靖国神社公式参拝の合憲性を是認する根拠として使われたということは、人の知るところであろう。さきにもいったように、政府はかつて靖国神社への閣僚の参拝については、「国務大臣としての資格で」参拝することは憲法二〇条三項との関係で「問題がある」「違憲ではないかとの疑いもなお否定できない」(一九八〇・一一・一七)という立場をとっていた。しかし、一九八五年八月、中曽根首相が公式参拝に踏み切ったことで、それは、大きく変更された。その場合、強力な拠りどころとされたのが、この最高裁判決を援用した靖国懇の見解であったことは、まだ人の記憶に新しい。靖国懇の報告書(一九八五・八・九)は、最高裁判例にいう目的・効果基準を援用し、「政教分離原則に抵触しない何らかの方式による公式参拝の途があり得る」と述べた。

しかし、地鎮祭についての合憲判決が出たからといって、靖国神社への公式参拝が憲法上許容されることになるかといえば、そう簡単にはいえない。靖国神社は宗教法人上の神社であり、一九五二年制定の靖国神社規則には、「国事に殉ぜられた人々を奉斎し、神道の祭祀を行い、その神徳を広め、本神社を信奉する祭神の遺族その他の崇敬者を教化・育成することを目的とする」と明確に記されていることからしても、これを「宗教にあらず」とは絶対にいえない。靖国神社への公式参拝は、どのような形によるにせよ、憲法二〇条三項の禁止する「宗教的活動」にあたるといわざるをえないと思う。最高裁判決が、世俗的な行事であって宗教的活動にあたらないと判示したのは、地鎮祭に限ってのことであり、公式参拝について判断したわけではないことを、ここで注意しなくてはなるまい。

仮に最高裁判決の目的・効果基準を前提として考えたとしても、宗教法人である靖国神社への参拝は、靖国神社に特別の地位を付与する効果をもつことは明らかである。また、靖国神社が、戦前から国家神道の中心的施設であったことなどを考えれば、それへの参拝は国家と宗教との過度のかかわり合いを示すものと判断せざるをえない。靖国神社への公式参拝は、憲法の定める政教分離原則に対する明白な挑戦である。われわれは、このことをはっきり認識し、どこまでも警戒する必要がある。

この点で、著名な憲法学者芦部信喜教授(一九二三年―一九九九年、東大名誉教授、日本学士院会員。靖国懇の委員も務めた)が、靖国懇で次のように主張されたのは、問題を正しくとらえたものとして注目に値いしよう。「私は、靖国神社が戦前において国家神道の一つの象徴的存在であり、戦争を推進する精神的支柱としての役割を果たしたこと、それによって多くの宗教団体が弾圧されたり信教の自由の保障が有名無実化したりしたことなどの沿革を考え、現在もなお宗教施設であり憲法上の宗教団体であること、公式参拝には習俗性は認められないことなど、地鎮祭と質的に異なるもろもろの事情を考慮すると、公式参拝は、どのような形式をとろうと合憲と解釈することはできないのではないか、すなわち、目的は世俗的であっても、その主要な効果は特定の宗教に対して直接かつ直ちに(間接的・付随的な効果としてではなく)大きな精神的援助を与えるものであるし、また、国と宗教とのかかわり合いとしてきわめて象徴的な意味をもち、政治的・社会的な対立を惹起する可能性も大きいので、『過度のかかわり合い』の要件に明らかにふれると言わざるを得ないのではないかと、主張した。」（一九八五・一一・一〇『ジュリスト』八四八号七頁）。芦部教授は、靖国懇での自身の主張を、このように語っておられる。私はためらうことなくこの見解に賛成する。

四　靖国懇が呈示した注文は実践不可能

靖国懇は、「政教分離原則の憲法規定に反することなく、また国民の多数により支持され、受け入れられる何らかの形」で、公式参拝の実施の方途を検討すべきことを提案し、その際とくに「配慮すべき事項」として、五つの事項を挙げている。しかし、かような注文について明確な解答を見出すことは困難であろう。念のためにここに配慮事項を摘記しておこうと思う。

第一は、最高裁判決が言及しているように、相当とされる限度を超えて、宗教的意義を有するとか、靖国神社を援助・助長・促進し、または他の宗教・宗派に圧迫・干渉を加えるなどのおそれのないよう、十分慎重な態度で対処すること。

第二は、靖国神社にはいわゆるA級戦犯とされた人々が合祀されていることは依然問題として残るものであることに留意すること。

第三は、戦前の国家神道・軍国主義の復活という不安を招くことのないよう、十分配慮すること。

第四は、閣僚等の「信教の自由」を侵すことのないように配慮すること。

第五は、国内の政治的対立の解消、国際的な非難の回避に努めること。

以上五つの配慮事項をどう解決するかは、非常にむずかしい問題である。なかなか簡単には対処できないであろう。まじめに考えれば、そもそも政教分離の憲法の規定に反しないような公式参拝というのはありえない、というのが正解であろう。私は、日本国憲法の視点に立つとき、憲法に反しない公式参拝などありえないと考えている。公式参拝を容認すべき合理的理由は、私にはどうしても見出されないのである。総理大臣や閣僚の靖国神社への公式参拝は、憲法の定める政教分離の根幹を根底からゆるがすことになる。これは、疑いない。

権力は人の心に入るべからず

信仰や宗教の問題は、人間の内心の最も究極的な問題である。それは本質的に個人の内心の自由に任せられるべき「わたくしごと」であって、けっして国家がそれに介入し関与すべき問題ではない。国家は宗教的には完全に無色または無縁でなくてはならない。これが政教分離原則の根本の考え方である。

靖国神社への公式参拝の問題は、いろいろな角度から見ることができるが、私は、憲法との関連において、その重要な点だけをここでとりあげてみた。権力を行使する国やその機関が、信仰や宗教など人間精神の内部に権力的な干渉を加えることのないよう、国民はつねに注意を怠ってはならないと私は思う。

（潮四二七号、一九九四年一〇月）

9　政治と宗教を考える

――政教分離と政党論の視角から――

一　政教分離原則と政党・宗教団体との関係

――憲法に定める政教分離原則に関して、最近、とくに「政党と宗教団体」との関係をめぐって議論が提起されていますが。

ドイツ政党法を研究してきた私から見れば、この問題は学問的にも重要な問題を孕んでおり、日本の議会制民主主義の健全な発展のためにも、単に政治的対立の次元の問題として片づけるわけにはいかない問題だと思います。むしろ、この機会に議論が深められるのは望ましいことだと私は思います。ただそれには、憲法が保障する「信教の自由」の意味や「政党」というものの機能や役割を十分ふまえた議論が必要なことはいうまでもないでしょう。

信教の自由と政教分離原則の意味内容については、以前、『潮』（一九九四年五月号＝本書7）にも書いたことがありますが、憲法二〇条は、国や公共団体は宗教とは無縁でなければならない、国や公共団体が特定の宗教と結び付く、つまり特定の宗教を助長したり、抑圧してはならない旨を定めています。これがいわゆる政教分離原則です。それは、信教の自由を何人に対しても保障し、真に信教の自由を確立するためには、国家と宗教が結び付かないことが「必須の前提」だからです。国家の非宗教性が強く要求されているのです。

信教の自由とは「内心における信仰の自由」「宗教を宣伝する自由」「宗教的行為の自由」の三つの自由を意味します。これらはすべての人にとって不可欠な精神的自由の基盤をなすものといってよいわけですが、その信教の自由を確保するためにぜひとも保障されなければならないのが政教分離原則なのです。

ところで、政教分離原則において大切なポイントは、「政」とは「国家や公共団体やその機関」を意味するということです。そして、政党イコール国家ではないという点です。政党は国家権力に濃厚にかかわるものであるために、ともすると国家と同一視もしくは混同され、議論が混乱しかねませんので、この点はまず最初に確認しておきたいと思います。

統治機構としての国家とは、憲法では、国会、内閣、裁判所といった組織・機関として定められています。それに対し、政党は社会的領域に属する存在であり、政治的権力をめざす競争的闘争において協調して行動することを目的として集まった人びとの集団です。

日本国憲法は政党についてはまだ真正面から規定するところまではいっていませんが、ドイツでは憲法で「政党は国民の政治的意思の形成に協力する」と規定しています（第二一条）。この規定をめぐって、政党は国家機関なのか、という議論が起きたことがありますが、今日では、政党は自由に社会から生まれた構成体であり、国家機関の一部ではなく、「社会的・政治的な領域に深く根ざした集団」として理解されています。

そして憲法の委任にもとづいて制定された政党法では、第一条でその地位と任務をきわめて明確に次のように定めています。

「政党は、自由な民主的基本秩序の憲法上不可欠な構成要素である。政党は、国民の政治的意思形成に自由で継続的な協力をすることにより、憲法によって政党に課せられ、かつ、憲法によって保障された公共的任務を遂行するものとする」と。

日本国憲法のもとでも政党イコール国家でないことは、憲法が結社の自由をうたい（第二一条）、政党結成の自由を何人に対しても保障していることからも明らかです。

憲法は複数の政党の存在を予定し、政権交替を予想しています。その政党が、国家、すなわち国家機構であるはずがありません。憲法が自由な政党の結成を禁じ、複数政党も政権交替も予定していないとすれば、それは一党独裁の国家体制であり、まさに政党イコール国家ということになります。そうであればもはや議会制民主主義ではないわけです。ですから、政党と国家を同一視することは、議会制民主主義にあっては否定されなければなりません。

二　政教分離原則の本旨

――政教分離原則は国家と宗教の関係の次元における問題であって、政党と宗教団体との関係においいては、そういう議論自体が成り立ちえないというわけですね。とすると、政党は宗教団体からどんなに支持をうけても政教一致とはいえないということですか。

政党は自らの政策の実現のために政権をめざすものですし、そのために多くの支持者を獲得すべく努力するものです。選挙のたびごとに、国会により多くの議員を送り出そうとするのも、政権獲得を目指すからです。

その結果、多くの信仰を持つ人びとや宗教団体の支持をえて政権についたとしても、政党イコール国家ではない以上、憲法が禁止している政教一致には当たらないということです。

現在、与党も野党も宗教団体を支持団体として持っています。同じく宗教団体に支持されながら一方が政教一致で、他方が政教分離だというのでは論理的におかしいというほかありません。

――信仰を持つ人びとや宗教団体の側からいえばどうでしょうか。

信仰を持つからといって、宗教団体だからといって、政治活動や政治上の言論の自由が制限されるわけではありません。憲法は、信仰の有無によって、政党支持や政治活動の自由に制約を設けてはいないのですから。政党というものが宗教心の厚い人びとによって支持されることを、憲法が禁じているわけではありません。政治上の言論の自由や結社の自由が保障され、国民の参政権が憲法で認められている以上、何人にも政党支持の自由があることはいうまでもないことです。

なかには、憲法二〇条第一項後段における「いかなる宗教団体も、国から特権を受け、または政治上の権力を行使してはならない」との規定を引き合いに出して、宗教団体の政治活動は政教分離原則に抵触するという人もいるようです。しかし、この条文は、宗教団体による統治権の行使を禁ずる意すなわち、国が行使すべき政治権力を宗教団体が持つことは許されないということです。国または公共団体が統治権を独占している今の日本では、宗教団体が統治権を行使するなどということは考えられないことです。

「政治上の権力」というのは、立法権、行政権、司法権、課税権、公務員の任免権など多様な公権力が考えられますが、宗教団体がこのような権力を持つことを禁止し、国家と宗教との結びつきを断つことを断固要求するのが「政教分離」の原則なのです。

最近では政教分離原則の意味を拡張して、宗教団体が積極的に政治活動をすることにより、政治に強い影響をあたえることも禁じられていると主張する見解も見られるようですが、信仰を持つ人びとや宗教団体に属する人びとが政治的関心を持つこと自体を、否定することはできないと私は思います。

三　現代政治における政党の役割

――そこでもう少し「政党」についてお話しいただきたいのですが、現代の民主政治の制度にあって、政党はどんな役割を果たすべきだとお考えでしょうか。

いうまでもなく、議会制民主主義とは議会によって国民の意向にもとづく政治を行う制度です。しかし、「国民の意向」は初めからひとつの実体として現実に存するものではありません。時代が進めば進むほど多様化します。そこで政党は、国民のうちに存する多様な政治的な意見を汲みあげ、これを綱領化し、政治的な意見を国民に浸透させる役割を果たさなくてはなりません。また政党は、国家統治の権能を行使する議会や政府の形成や活動に大きな影響力を及ぼしているといってよいでしょう。

ドイツ憲法はこのような現実に眼を閉じることをせず、政党を憲法に採り入れ、その役割を「国民の政治的意思の形成に協力する」にあると定めたのです。ドイツ憲法は、まさにこの政党の果たすべき役割を定めた数少ない憲法のひとつです。日本の最高裁も「政党は国民の政治意思を形成する最も有力な媒体である」と説いています。これらはいずれも、政党の持つ重要な役割を端的に言い当てていると私は思います。ですから、憲法が定めている議会制民主主義は、政党を無視しては、とうていその円滑な運用を期待することはできない、といってもよいでしょう。

イギリスのジェイムス・ブライスという学者は、『近代民主主義』という本の中で、「何人も、いまだ政党なき代議政治の運転が可能であることを示してはいない」と書いています。まさにそのとおりで、政党なしにも民主政治が可能だというのは、まったく政治の実際を無視した考えというほかはありません。

四 国家と政党との歴史的関わりの推移

――大変興味深いお話です。では政党と国家とはどのような関係にあると考えればよいのでしょうか。

国家が政党に対してどのような態度をとってきたかを歴史的にふりかえって見ますと、どこの国でも、政党というものは、自分たちの意見や利益ばかりを言いはり、政府のいうことを少しもきかない集団で、むしろ国の政治を危険におとしいれるものだとみなされ、当初は「敵視」されたものです。

わが国においても、明治一四年に初めて自由党が結成されて以来、現実政治において、たえず重要な役割を果たしてきたのですが、明治憲法もそのもとでの法律も、どちらかというと政党を敵視し、警察上の理由などにより、治安維持法その他の法律をもって、これを取り締まろうとしてきた歴史があります。

それでも政党が次々に生まれ、敵視できなくなると、国家はそれを「無視」するようになる。法体系の中に政党というものを規定しないのです。それはわが国だけのことではありません。ワイマール憲法のもとでも、たとえば「政党という概念は、それ自身国家秩序の中でなんらの地位を有しない」というG・イェリネックの見解は、多くの憲法学者の支持をえていたのです。そして一九二八年当時、H・トリーペルのような著名な憲法学者でさえ「政党は憲法外の現象である。その決定は、法の立場からみると、国家機構と無関係な社会的な団体の拘束力もなく権威もない意見表明に過ぎない。したがって、現代国家が政党を基盤として構築されたものであると説くならば、それは法的には支持しえない主張である」と述べているのです。

しかしそれでも無視することができなくなると、やがて法律で「承認」するようになる。公職選挙法ができ、政党名で選挙が行われるという段階がやってくるわけです。今の日本はこの段階にあるといってよいでしょう。こういう時期を経てそれがさらに進むと、ドイツのように政党を憲法で位置づけるようになる。「憲法的承認」の段階です。

こう見てくると、国家の政党に対する態度の変遷は、議会制民主主義の発展と軌を一にしているといえるでしょう。政党が抑圧されている間は民主主義は発達しなかった。議会制民主主義の発展にとって、政党はまさに欠くことのできない存在であり、政党の果たす「国民の意思形成」という任務の重要性は、このことからも理解できると思います。

こうした国家と政党の歴史は、自由に国民によって形成された政党というものが、民主主義を機能させる不可欠の前提であり、そこには多数政党の存在がきわめて明らかに承認されていることを示しています。これはいみじくも、本質的な点において、政党イコール国家ではないことを物語っています。

五　政党は国民と国家の媒体

――よくわかります。では政党は国家意思の形成にどのように関与するのでしょうか。

議会制民主主義にあっては、政党によって形成された「国民意思」は、次の段階として、選挙で選ばれた国民代表たる議員によって国家の意思形成過程に注入されます。政党はここでも重要な役割を果たします。

今日の政治過程の実態に即して見ると、政党が継続的に議会および政府に対し決定的な影響をあたえていることは、否定できない事実であります。ドイツ政党法はこの点に着目し、その第一条二項において「議会および政府における政治的発展に影響をあたえる」ことを政党の任務のひとつと規定しております。政党は一方の足を国民大衆の中に、他方の足を国家機関に掛けて、国民の意思を国家意思へと導く。政党は国民と国家の間の媒体の役割を果たすわけです。この媒体がなければ、国民の声は国政に届かず、圧殺されてしまうことになります。

言い換えれば、政党の政治的意思形成への関与のポイントは、選挙などへの参加を通じて、一方では国民の政治的意見形成と意思形成の予備的形成に深くつらなり、他方では政治的国家意思の形成にむかって強い影響力を及ぼすところに政党の任務の本質的特徴があるといえます。この二方向において果たす役割を無視しては、政党を正しく位置づけることはできないでしょう。

国家意思というのは、具体的には法律や予算の形をとりますが、政党の国家意思形成への関与は、憲法上、一定のチャンネルを経て誘導される。つまり、自己の政治目標を、所属議員、院内会派、政府閣僚を通して、国家意思の形成過程に注入するのです。それが、憲法がめざす統治の機能構造そのものでもあるわけです。すなわち政党は、議員や会派や閣僚という変圧器を通して国家意思の形成に大きな影響をあたえます。

しかし、ここで注意しておきたいことは、政党が政治的意思形成に関与するのは、政党自身のためではなくして、国民のためだということです。政党は国民意思の実現に奉仕すべきもの、つまり「国民に仕える」べき立場にあるといわなくてはなりません。ですから、さきほどいいましたように、政党が議員や閣僚という一定のチャンネルを経て国家意思に影響を及ぼすことは、少しも差しつかえありません。

六　政党と宗教団体との関係

――政党がそうした過程を経て国家意思の形成に関与することになると、支持団体である宗教団体の意向がそこに反映されることになるのではないか、さらに、その政党が政権与党になれば、その度合いがいっそう強くなるのではないか、という議論が出てくるかもしれませんが。

政党が国民の意思を代弁することを任務としている以上、支持者の意向を国政に反映させようとするのは当然のことであり、そこにこそ国民意思に息づく議会政治の意義があるといってよいでしょう。しかし、そのことは政府や議会のようなフォーマルな国家機関の決定に政党が直接的な形で介入し、影響を及ぼすということではありません。政党の影響は、議会または政府を通じて、国家意思の形成に関与するにとどまるべきです。議院内閣制のもとでは政府とそれを支える政党すなわち与党との間に継続的あるいは定期的な接触が行われるのは、事の性質上、当然のことでありますが、それでもなお先に述べたように、政党イコール国家ではないという実相を誤認してはいけません。

したがって、宗教団体の支持する政党が与党として政権を握ることがあったとしても、そのことのゆえに政教分離原則に反するというわけのものではありません。

本来の議会制民主主義にあっては、特定の政党の意思がそのまま国家意思になるのではありません。国家意思というのは、互いに相反する社会勢力や利害関係の「合成力」として形成されるものなのです。

ドイツの法学者ライプホルツは、政党を基盤にして成り立つ民主政治を、議会制民主主義とはいわず

「政党国家的民主主義」と呼んでいますが、政党を基盤にした民主政治にあっては、政党に代表される国民各層の利益が議会において濾過され、統合されてはじめて現実に有効な国家意思として形成されるのです。そこになんらの組織がなく、したがって媒介機関としての政党がないとすれば、議会はとうてい政治的・実際的な機能を営むことはできないでしょう。このように政党が議会政治の現実においては不可避的な役割を果たす以上、「政党国家的民主主義」について語られることは、少しも不思議ではありません。

七　無党派層の増大は政党政治の危機

――今日の日本の政党状況をどのようにお考えですか。

はっきりいって、今やわが国の政党政治は解体状態というか、危機的状況にあるというべきでしょう。国民すなわち有権者と政党・政治家との間に親近感が薄れ、違和感が広がって、そこに生き生きとした結び付きが感じられなくなっています。政党が国民の政治的意思の形成に協力し、かつ、国民意思と国家意思とを結ぶ政治的伝声管として活動すべき本来の機能を果たしていないのではないかと思います。

五五年体制崩壊の余震でもあるわけですが、最近の無党派有権者の増大と、それに照準を合わせて無党派を標榜する候補者の続出、さらには既成政党までもが無党派指向のタレント候補を選んで選挙に臨むというような状況では、とても健全な政党政治の発展を期待することはむずかしいといってよいでしょう。

今や政党に属さないのがインテリであり、どの政党も支持しない無党派こそが進歩的であるかのような考え方があるようです。またそれをもてはやすようなメディアの風潮があります。しかし、政党政治にあって、無党派では国会の場で有効な働きができるはずがないことは、冷静に考えればすぐわかることです。それればかりでなく、無党派層の増大は、議会制民主主義にとって危険な兆候ですらあると私は思うのです。こんな状況では、議会制民主政治は機能マヒにおちいるにきまっています。

それを防ぐには、健全な政党を育成するほかありません。政党は無党派層にすり寄るのではなく、その任務と役割を自覚し、その機能の回復をはかることが不可欠です。この視点が、現今の日本の政党政治の議論にあっては抜け落ちているのではないでしょうか。政治にたずさわる者だけでなく、一人ひとりの国民もまた真剣に考えるべき重要な問題です。

ライプホルツは「現代国家において、何百万もの選挙民を政治的活動能力ある集団にまとめる可能性をもつのは政党を置いてない」といっています。民主政治における政党の存在の重要性を説いた至言だと思います。またラートブルフは「民主国家においては、いずれか一つの政党を支持することは国民の義務である」とさえ言いきっています。繰り返すようですが、現代の議会制民主主義においては、政党は国民が政治生活に参加するための大前提なのです。政党は民主主義の構成要素であり、民主主義を機能させるには政党を抜きにしては考えられません。したがって、安易に無党派に走る前に、政党の持つ役割を正しく認識すべきです。

政党をめぐるもう一つの問題は政党側にあります。政党にとって今、何よりも大切なことは、民主的な国家構造とバランスのとれた政党自身の民主的な組織や運営のあり方を確立することです。外に向かっていくら自由を言い、民主主義を叫んでも、政策の決定や党首の選出、候補者の選考にあたってどこまで民主的な手法をとっているかが問題です。政党の内部組織の民主化が必要です。政党内部の意思形成は「下から上へ」と民主的に集約されることが要請されるということです。

日本の政党の現状は、どの党もこのもっとも大切な点が不十分といわざるをえません。

議会制民主主義にとって、政党は不可欠な存在です。しかし、その政党自体が、民主性を欠き、民主主義の潜在的破壊者になっているのでは、国民の信頼がえられるわけがありません。

五五年体制が崩壊し、新たな政党のあり方が模索されている今こそ、本来の意味における政党政治のスタートといえます。この時にこそ、政党自身の内部を民主的な構造につくり変え、国民が自由に党の人事や政策決定に参画できる場を提供すべきであると思うのです。

――宗教は本質的に民主主義と相容れない、だから政党が宗教団体から支持を受けすぎることは問題だといった議論がありますが、要は政党の側の問題なのですね。

政党の内部組織が民主的に構成されず、少数の党内寡頭的な指導層が自己の意思を党員大衆に押しつけるようなことがあってはなりません。政党自身が民主化すれば、そういう議論は無意味となるでしょう。

支持団体の体質をとやかくいうよりも、政党の中にダイナミックでオープンな民主的な力が息づいていれば、民主政治にとってなんら支障はありません。要は、政党の内部組織を民主化することです。

最後に野党の役割についても一言しておきたいのですが、国家意思の決定権が実質的には与党勢力に握られているといっても、野党が無力であれば、議会制民主主義は機能しなくなります。現在の政治状況は、与党が野党の言い分をまったく聞かないわけにはいかなくなっていますが、健全な野党がなければ民主政治は成り立ちません。野党の役割は、政府および政府を支える与党を監視し、国民の立場から批判することにほかなりません。それは国民の前に、与党の政策に対する二者択一の選択肢を絶えず提示し、多数意見に発展させるよう努力し続けることといってよいでしょう。その二者択一の選択が存在してこそ、選挙での国民の審判により、時の与党の国家指導に正当性があたえられるのです。

だから、国民の禍福の分かれ道になるような重大な問題は、大所高所から見てよく研究し、十分な論議を重ねながら、国民の多数が納得のいく決定をするよう努力することが何より必要だと思います。

政党は、国民の心の鏡であってほしい、と私は願わずにいられません。

（潮四四〇号、一九九五年一一月）

10　私の政党論

一　政党は国民の要求を反映させる仕組み

わが国政治の基本的なあり方を定める日本国憲法は、政党については真正面から何も規定するところがありません。そのため憲法の視角に立つとき、政党の姿がいまひとつはっきりと見えてこないのです。その点ドイツ憲法では、「政党は国民の政治的意思の形成に協力する」と規定し、政党の果たすべき役割を明らかにしています（二一条）。この規定をめぐって、政党は国家機関なのか、という議論を誘発することになったのですが、今日では、政党は自由に社会から生まれた構成体であり、国家機関の一部ではなく、「社会的・政治的な領域に深く根ざした集団」として理解されています。

日本国憲法のもとでも政党イコール国家でないことは、憲法が結社の自由をうたい（二一条）、政党結成の自由を保障していることから明白です。

憲法は複数の政党の存在を予定し、政権交替が可能な統治形態をとっています。その政党が、国家機関であるはずがありません。憲法は政党結成の自由を認め、言論の自由の保障のもとにどの政党にも、政権獲得のチャンスを与えているのです。政党イコール国家というのは、一党独裁制の国家です。議会民主制においては、政党は国民の要求を国政に反映させる重要な仕組みなのです。

二　政党なしに民主政治は不可能

議会民主制とは、いうまでもなく、議会によって国民の意向にもとづく政治を行う制度です。しかし、「国民の意向」は初めからひとつの実体として現実に存するものではありません。そこで政党は、国民のうちに存する多様な政治的な意見を汲みあげ、これを綱領化し、政治的な意見を国民に浸透させる役割を果たさなくてはなりません。政党はまた、国家統治の権能を行使する議会や政府の形成や活動に大きな影響力を及ぼしているといってよいでしょう。

ドイツ憲法はこのような現実に眼を閉じることをせず、政党を憲法に採り入れ、その役割を定めた数少ない憲法の一つです。ドイツ憲法は、政党が社会の進歩と世論の動向に即応して、たえず民意を吸収する政治姿勢をとることを要請している、と私は考えます。この憲法のもとに生まれた政党法は、政党を「民主的基本秩序の不可欠な構成要素」であると規定しています。日本の最高裁もある判決で、「政党は国民の政治意思を形成する最も有力な媒体である」と説いています。まさにそのとおりで、政党なしにも民主政治が可能だというのは、まったく政治の実際を無視した考えというほかはありません。

三　政党の抑圧は民主政治の進展を阻害

ここで、国家が政党に対してどのような態度をとってきたかを国法との関係に注目しながら少し歴史的にふりかえってみましょう。どこの国でも、当初政党というものは、自分たちの意見や利益ばかりを言いはり、政府のいうことを少しもきかない闘争的な集団で、むしろ国の政治を危険におとしいれるものだとみなされ、「敵視」されたものです。

わが国においても、一八八一年（明治一四年）に初めて自由党が結成されて以来、現実政治において、たえず重要な役割を果たしてきたのですが、明治憲法もそのもとでの法律も、どちらかというと政党を敵視し、警察上の理由などにより、治安維持法その他の法律をもって弾圧を加えながら、「政党撲滅に腐心」してこれを取り締まろうとしてきた歴史があります。

それでも政党が次々に生まれ、敵視できなくなると、国家や政府はそれを「無視」するようになります。現実政治においては政党の存在そのものを否定することはできないのですが、法制面ではそれはあたかも存在しないかのように無視されたのでした。これはわが国だけのことではありません。ワイマール憲法のもとでも、たとえば「政党という概念は、それ自身国家秩序の中でなんらの地位を有しない」というG・イェリネックの見解は、多くの憲法学者の支持をえていたのです。そして一九二八年当時、H・トリーペルのような著名な憲法学者でさえ「政党は憲法外の現象である。その決定は、法の立場からみると、国家機構と無関係な社会的な団体の拘束力もなく権威もない意見表明に過ぎない。したがって、近代国家が政党を基盤として構築されたものであると説くならば、それは法的には支持しえない主張である」と述べているのです。政党の発展に対し、法律も法学者も無視の態度をとっていたのです。

しかしそれでも無視することができなくなると、やがて法律で「承認」するようになります。新しい選挙法が制定され、政党名で選挙が行われるという時代がやってくるわけです。議員というものが政党の中心となるようになってきます。今の日本はこの「法的承認」の時期にあるといってよいでしょう。これがこういう時期を経てそれがさらに進むと、ドイツのように政党を憲法で位置づけるに至ります。これが「憲法的承認」の時代ということになります。政党が政治の主役につくことになったのです。

こう見てくると、国家の政党に対する態度の変遷は、議会民主制の消長・発展と顕著な対応をみせているといえるでしょう。政党の抑圧は民主政治の進展を阻害したのです。議会民主制の発展にとって、政党はまさに欠くことのできない存在です。政党の存在は、民主政治のあり方を最も大きく規定しているのです。

四　国民意思と国家意思の形成に寄与

議会民主制のもとでは、政党によって形成された「国民意思」は、選挙で選ばれた議員を通じて国家の意思形成過程に注ぎ込まれます。政党はここでも重要な役割を果たします。

今日の政治過程の実態に即して見ると、政党が継続的に議会および政府に対し決定的な影響をあたえていることは、否定しえない事実であります。ドイツ政党法はこの点に着目し、その第一条二項において「議会および政府における政治的発展に影響をあたえる」ことを政党の任務の一つと規定しております。政党は一方の足を国民大衆の中に置き、他方の足を国家機関に掛けて、国民の意思を国家意思の形成へとみちびいていかなくてはなりません。政党は国民と国家の間の媒体の役割を果たすわけです。政党がなければ、国民の声は国政に届かず、圧殺されてしまうことになります。

言い換えれば、政党の政治的意思形成への協力という任務の本質は、選挙などへの参加を通じて、一方では国民の政治的意思形成に深くかかわり、他方では国家意思の形成にむかって強い影響力を及ぼすところにあるといえます。

国家意思というのは、具体的には法律や予算の形をとりますが、政党の国家意思形成への関与は、憲法上、一定のチャンネルを経て誘導されます。つまり、政党は自己の政治目標を、所属議員、院内会派、政府閣僚を通じて、国家意思の形成過程に注入しようとするのです。これが、憲法の目指す統治機構の構造そのものでもあるわけです。こうして政党は、国家意思の形成に大きな影響をあたえるわけです。

議会民主制においては、しかし、特定の政党の意思がそのまま国家意思になるというものではありません。国家意思というのは、互いに相反する社会勢力や利害関係の「合成力」として形成されるものなのです。

ここで注意しておきたいことは、政党が政治的意思形成に関与するのは、政党自身のためではなくて、国民のためだということです。政党は国民意思の実現に奉仕すべきもの、つまり「国民に仕える」べき立場にあるということを、見失ってはなりません。

五　混迷の政党政治からの脱却が急務

現在わが国の政党政治は、政党も政治家もふくめて混迷の中にあるといえるでしょう。国民すなわち有権者と政党・政治家との間に親近感が薄れ、違和感が広がって、そこに生き生きとした結び付きが感じられなくなっています。政党が国民の政治的意思の形成に協力し、かつ、国民意思と国家意思を結ぶ意思疎通の媒体としての本来の機能を果たさなくなっているからです。

五五年体制崩壊の余震でもあるわけですが、最近の無党派有権者の増大と、それに照準を合わせて無党派を標榜する候補者の続出、さらには既成政党までもが無党派的色彩の濃いタレント候補を立てて選挙に臨み、明確なビジョンや政策を打ち出せないという状況では、政党政治は衰退の一途をたどらざるをえなくなります。これは政党が将来のわが国の姿を思い描くことができないでいることと深い関係があると思います。

結集すべき組織も明確な理念もなく、政策もない無党派集団では、国会の場で、有効な働きができるはずがありません。無党派層の増大は、政党政治にとって危険な兆候です。いまや五五パーセントの国民が支持政党をもたないという深刻な状況です。

それを防ぐには、リーダーシップに富む健全な政党の育成が喫緊の課題です。政党は無党派層にすり寄るのではなく、その任務と役割を自覚し、その機能の回復を図ることが何よりも重要です。この視点が、現今の日本の政党政治の議論にあっては抜け落ちているのではないでしょうか。政治にたずさわる者だけでなく、一人ひとりの国民もまた真剣に考えるべき重要な問題です。

ドイツの法学者ライプホルツは、「現代国家において、何百万もの選挙民を政治的活動能力ある集団にまとめる可能性をもつのは政党を置いてない」といっています。この言葉は、民主政治における政党の存在の重要性を端的に表現していると思います。繰り返すようですが、現代の議会民主制がすなわち政党政治だということは、今日では自明のことです。政党政治にあっては、政党は国民が政治生活に参加するための不可欠の道具なのです。したがって、国民は安易に無党派に走る前に、政党のもつ役割を正しく認識し、自分の主張を託せる政党を選ぶことが大切です。

政党をめぐるもう一つの大切な問題は、政党の内部秩序の民主化の問題です。政党にとって何より大切なことは、政党自身の民主的な組織や運営のあり方を確立することです。政党は内部組織の民主化に、もっと意を注がなくてはなりません。政策決定の過程や党首の選出、選挙候補者の選考にあたって、どこまで民主的な手法をとっているかが問題です。政党内部の意思形成は「下から上へ」と民主的に集約されることが要請されていることを、忘れてはなりません。見るところ、どの政党にもペレストロイカが必要です。

日本の政党の現状は、どの党もこのもっとも大切な点が不十分といわざるをえません。私は、かねて政党の内部組織の民主化を図るために政党法の制定が焦眉の課題であることを、指摘したことがあります（竹内「政党法を考える」『国会月報』四〇巻五三三号）。

六　健全野党なくば民主政治は成り立たず

最後に、野党の役割についてふれておきたいと思います。国家意思の決定権が実質的には与党勢力に握られているとしましても、野党が無力であれば議会民主制は機能しなくなるという点に留意する必要があるでしょう。現在の政治状況は、与党が野党の言い分をまったく聞かないわけにはいかなくなっていますが、健全な魅力ある野党がなければ、民主政治は成り立ちません。野党を失う議会は、もはや議会民主制とはいえません。議会政治における野党の役割は、政府および政府を支える与党を監視し、国民の立場からこれを批判することにあるわけです。政権のゆくえに大きな影響を与える存在でなくてはなりません。国民の前に、与党の政策に対する二者択一の選択肢を絶えず提示し、多数意見に発展させる努力が必要です。この二者択一の選択が存在してこそ、選挙での国民の審判により、与党の国家指導に正当性があたえられるのです。

政党政治に代わるデモクラシーの方法は、まだ成功したことは一度もありません。だから何より必要なのは、政党が国民にとって欠くことのできない機能を十分に果たしているかどうかを、国民の一人ひとりがつねに熟視することです。政党を動かすものは、最後は国民であるという自覚を持つことが大切である、と私は思います。

（国会月報四六巻六〇八号、一九九九年八月）

II　憲法と時の焦点

11　地方議会を考える

――新時代切り開く政策／利益代弁でない見識示せ――

去る（一九八七年）六月三日、地方自治法施行四十周年と地方自治制度発足百年を記念する「地方議会シンポジウム」が、読売新聞社の主催で全国三〇会場のトップをきって熊本で開催され、それにコーディネーターとして参加する機会をもった。

熊本でのシンポジウムでは①議会は執行部のチェック機能を果たしているか②地域活性化のために議会は何をなすべきか③議員の政策立案の実情などが、特に論議の中心になった。そこでの報告や討論には、教えられるところが実に多かった。特に私のように公法学を専攻する者にとっては、いろいろな意味で興味深いものがあった。このシンポジウムに参加して、地方議会の使命や議員の責務というものをあらためて考えさせられた。

そこでこの機会に、ごく簡単に、私の考えをのべておきたい。

地方公共団体の議会を憲法が「議事機関」といい、国会のように「立法機関」といわなかったのは、議会が、広く行財政の全般にわたる重要事項についても、多くの権能をもっているからである。したがって、議会のあり方いかんが、地方政治にきわめて大きな影響を及ぼすことはいうまでもない。

地方公共団体の長は、その執行機関として、議会の議決を経たうえでさまざまの事務を管理執行することとされ、議会は、執行機関にその勝手を許さない枠をつくっているといえるだろう。

このような地位に立つ議会の使命は、いったいどういうものであろうか。それは、二つ挙げられる。一つは審議議決機能と呼ばれ、一つは行政に対する監視機能と呼ばれるものである。

議会がその権威と信頼を確保するためには、すべての議員が議会に課せられたこの重要な使命を十分認識し、その構成員としての責務を果たすべきことが何にもまさって必要であることを忘れてはなるまい。

また議員は憲法第一五条にいうように「全体の奉仕者」であって、一部の奉仕者であってはならない。「全体の奉仕者」とは、私的利益の代弁者ではなくて、住民全体の利益に仕える者の意である。しかしこのことの意味が本当にわかっているのかどうか、その本来の職務と使命を果たしていないような例も少なからず見受けられる。

たしかに実際の議員活動においては、このことが必ずしも容易に実現できない場合が少なくないともう。今日では、とりわけ、地域住民の行政にたいする関心がいちじるしく高まるに伴い、生活環境整備のための特定の施設(たとえば、ゴミ焼却場とか、し尿処理場など)の設置や各種の事業の実施をめぐって、住民から強い反対の要望が出されたり、あるいは大規模な開発計画の策定や推進、企業の誘致や立地などに関して地域住民の意見が対立し、熾烈な住民運動が展開されるといった例も稀ではない。その間にあって、それをどう判断し、どのように行動したらよいか苦慮させられることも少なくないだろう。

このような場合に、議員という立場ではどのような判断をなすべきものであろうか。

ここで注意すべきことは、議員が「全体の奉仕者」たるべきことにかんがみ、特定の選挙人ないし選挙区の利益代弁者としてではなく、もう少し高い次元、広い視野でものを判断していくことが必要だとおもう。すなわち、議員たるものは、具体的な個々の住民の主張や要望にも十分に目を配りながら——しかしそれを万遍なくストレートに受け入れることは絶対に不可能であるから——それらを冷静に選別し、いろいろな動きを包括的につかみ、社会公共の利益をふまえて合理的な判断をするようにしてほしいとおもう。ここで社会公共の利益という言葉を使ったが、それはベンサムなどが、「最大多数の最大幸福」という言葉によって意味したところと、同じ意味に解してもらっていい。自治体全体のレベルに立って総合的にものを考えることのできない議員は、やはり議員失格となるであろう。

今日、地域社会は、経済的・社会的条件の激しい変遷・動揺の中で日々進展し、変革しているから、議会も行政もこれに的確に対処し解決しなければならない多くの課題をかかえている。そこで議員にとって何より大切なことは、それぞれの地域に根ざした政策を積極的につくりあげていくことである。これからの議員に求められる不可欠の条件は、各自治体がかかえる重要な課題を十分に把握し、それを一つ一つ解決し、改革していくための政策を形成していく熱意と能力であろう。これは今日の地方議会の議員に最も稀薄なものと考えられる。しかし、この条件が欠けていては、議員としての責務を本当に全うすることはできないだろう。

議員はいまこそ、その重大な責務をしっかりと肝に銘じて、地域社会を大きく切り開いていくための推進者となってもらいたい。

（読売新聞　一九八七年七月九日㈷〈文化〉）

12　議長の短期交代は病理現象

地方自治が憲法で保障されて四〇年。一般国民の間に地方自治が浸透し、地方自治法と憲法が定着してきているのに、正副議長が地方自治法で定めた四年の任期が守られず、短期間で交代する変則的姿が一般的になろうとしているのは、脱法的行為であり、好ましくない。

議長は、住民の代表機関である議会の統率者として重要な任務を有しており、大所高所から行政を批判して住民を導いてゆかねばならない。だから、議員の中で衆目の一致する最適任者が議長に就くべきであるのに、紳士協定とはいえ、派閥による順送りで入れ代わりに議長ポストをたらい回しするのは、議会の権威を低下させる病理現象だ。

自治省はすでに四一年一二月、全国の都道府県知事と議長に正副議長の短期交代を改めるよう通達している。全国都道府県議長会も四九年一〇月、「任期中に軽々に交代せず、任期を全うすべし」と決議しているが、この一、二年の地方議会の動向を見るといっこうに改まっていない。議長ポストをめぐって、いくつかの市議会で「二年交代」が論議され、紛糾したこともある。

議長には、専用車、秘書が付き、報酬も高くなるという魅力はあろうが、争ってなるものではない。人生経験、識見面など、最適任者はそう多くいるものでもなかろう。よほどしっかりした人でなければ、就任できないようにすべきだ。当選回数が多くなると、議長就任が当然とみる住民側の過度の期待も、問題である。

いずれにしても、議長の短期交代は地方議会の権威を自ら落とす行為であるということを、じゅうぶん注意する必要がある。議長は議事を整理し、議会運営の円滑化をはかることを本来の使命とする重要な地位にある、という点についての深い反省が望まれる。議員各位は、議会が真に地域住民の意向を反映する住民代表の機関となるよう、努力してもらいたいものである。

（西日本新聞　一九八七年六月二一日）

13　地方議会の使命と議員の責務

一　議会の地位

地方公共団体の議会は、住民が直接選挙した議員をもって組織する住民の代表機関である。この代表機関の特色は、地方公共団体の重要な政策や行政について審議し、公共団体としての意思を決定することにある。

日本国憲法第九三条で「地方公共団体には、法律の定めるところにより、その議事機関として議会を設置する」と定められ、これによって、地方公共団体に議会が設けられるべきことが憲法で保障されている。ここで「議事機関」といい、国会のように「立法機関」といわなかったのは、議会が、条例の制定・改廃というような立法作用にとどまらず、そのほかに、広く行財政の全般にわたる重要事項についても、意思決定機関として多くの権能をもっているからである。

したがって、議会のあり方いかんが、地方政治にきわめて大きな影響を及ぼすことはいうまでもないことである。地方公共団体の長は、その執行機関として、議会の議決を経たうえでさまざまの事務を管理執行することとされ、議会は、執行機関にその勝手を許さない枠をつくっているということができるだろう。

二　議会の使命

このような地位に立つ議会の使命は、いったいどういうものであろうか。それは、二つ挙げられる。まず第一は、地方公共団体の具体的な施策に関する重要な事項を最終的に決定することであり、それなくしては、地方政治の基本的方向は定まらない。第二は、議会が決定した政策を中心に行なう長その他の執行機関の行財政の運営や事務執行や事業の実施が、公正かつ妥当に、しかも民主的かつ能率的になされているかどうかを、批判し監視することがそこで期待されている。

議会がその権威と信頼を確保するためには、すべての議員が議会に課せられたこの重要な使命を十分認識し、その構成員としての責務を果たすべきことが何にもまさって必要であることを、忘れてはなるまい。

三　議員の責務

議会の議員は、住民によって直接に選挙され、その代表者として議会の構成員となるのであるから、人格、識見ともにすぐれた代表者であるべきであろう。議員は、その活動において、選挙人の指図に拘束されるということなく、選挙人からは独立して、すべての住民のために働くべき任務を負っている。

これが最も大切な、議員に求められる第一の条件である。そこで、議員は絶えず住民とのあいだに緊密なつながりを保ちつつ、住民の意向を議会に反映するよう努めなくてはならない。これは議員にとって当然の責務である。議会審議の過程でなされる質問や質疑や討論は、つねにそうした自覚にもとづき、真摯な態度で行なわれなければならないであろう。そういう姿勢に欠けるところがあれば、議員としてはすでに失格ということになろう。

また憲法第一五条にすべての公務員は、「全体の奉仕者であって、一部の奉仕者ではない」と定められているように、議員は住民全体の代表者であり、奉仕者でなくてはならない。すなわち、議員はつねに公共の利益だけをその指針として行動すべきであって、いやしくもその地位を私的利益のために利用してはならないのである。そこで第二の条件として要請されるのは、住民全体の利益に仕えるという議員の自覚である。しかしこのことの意味が本当にわかっているのかどうか、その本来の職務と使命を果たしていないような例も少なからず見受けられる。

たしかに実際の議員活動においては、このことが必ずしも容易に実現できない場合が少なくないとおもう。今日ではとりわけ、地域住民の行政にたいする関心がいちじるしく高まるに伴い、生活環境整備のための特定の施設（たとえばゴミ焼却場とか、し尿処理場など）の設置や各種の事業の実施をめぐって、住民から強い反対の要望が出されたり、あるいは大規模な開発計画の策定や推進、企業の誘致や立地などに関して地域住民の意見が対立し、熾烈な住民運動が展開されるといった例も稀ではない。その間にあって、それをどう判断し、どのように行動したらよいか苦慮させられることさえ少なくないであろう。

このような場合に、議員という立場ではどのような判断をなすべきであろうか。それには、次のような二つの面からの判断が働くと考えられる。一は、住民全体の奉仕者であるという全体的立場に立っての判断である。議員が真に住民代表的性格を保持するためには、この立場こそ最も期待されるだろう。他は選挙において自らの選挙母体となった特定の地区なり組織の利益代弁者的な立場に立っての判断である。議員が選挙によるとされる以上、この立場からの判断もある程度はやむをえないだろう。

この二つの面からの判断が合致するときは、なんら問題はない。が、それが相反し、矛盾する場合の判断が重要になる。それが、ここでの問題である。ここで注意すべきことは、議員が全体の奉仕者たるべきことに鑑み、特定の選挙人ないし選挙区の利益代弁者としてではなく、もう少し高い次元、広い視野でものを判断していくことが必要だとおもう。すなわち、議員たるものは、具体的な個々の住民の主張や要望にも十分に目を配りながら――しかしそれを満遍なくストレートに受け入れることは不可能であるから――それらを冷静に選別し、いろいろな動きを包括的につかみ、社会公共の利益をふまえて合理的な判断をするようにしてほしいとおもう。ここで社会公共の利益という言葉を使ったが、それはベンサムなどが、「最大多数の最大幸福」という言葉によって意味したところと、同じ意味に解してもらっていいであろう。そこには議員としての毅然たる態度と賢明な判断とが要請されることはいうまでもない。

こういうわけだから、議員は、まさにこの二つの面からの判断を別々にしているだけでは仕方がないのであって、それを一つに統合しなければならない重要な使命をもつものと考えなくてはならない。一方的な立場に立っての判断だけなら簡単であるが、それではもはやどうにもならないのであって、この二つの面を綜合的に考えることのできない議員は、やはり議員失格となるだろう。

今日、地域社会は、経済的・社会的条件の激しい変遷・動揺のなかで日々進展し、変革しているから、議会も行政もこれに的確に対処し解決しなければならない多くの課題を抱えている。議会や行政は、住民生活のあらゆる分野にわたり、キメ細かな配慮をすべく要請されているといってよい。

これからの議員に求められる不可欠の条件は、各自治体が抱える重要な課題を十分に把握し、それを一つ一つ解決し、改革していくための政策を形成していく心意気と能力であろう。これは今日の地方議会の議員には最も稀薄なものと考えられる。しかし、この第三の条件が欠けていては、他の条件がそろっていても議員としての責務を十全に果たすことはできないであろう。

議員はいまこそ、この重大な責務をしっかりと自覚し、地域社会を大きく切り開いていくための立役者となってもらいたいものである。

（くまもと議長会報三号　一九八七年七月三〇日）

14 新聞の自由と責任

自由な民主社会では新聞の果たすべき役割、負うべき責任はきわめて大きい。民主政治が行われるためには、国民のひとりひとりが、何よりもまず社会に生起するもろもろの事象について正確な情報とそれについての正しい知識や意見をもっていなければならない。新聞は世の中のいろんな出来事を広く映しだし、世論の形成を促すという大きな使命を帯びている。

したがって、新聞はたんに世論を反映する役割を演じるだけでなく、これを指導すべき任務も負っていることを忘れてはなるまい。新聞は「社会の木鐸」でなくてはならない。新聞はその紙面に社会の情報を客観的に速報するというだけでなく、一般国民の意識や考え方を内面から整序し、それに方向をあたえるという教育的な努力と責任を自覚する必要があるだろう。論説にも報道にも解説記事にも、この種の心がけが重要になるのではないかと、私は思う。

新聞が社会の木鐸として機能しなければならないことからして、必然的に、つぎの二つのことが要請される。その一は、新聞が公権力から完全に独立し、その干渉にたいして自由でなければならないことである。国家の政治権力を批判する自由。それこそが、新聞の自由として、保障されなくてはならない。

憲法が検閲を禁じた深い意味はここにある。だから、新聞は権力諸機関の動きを監視する耳目代表としての役割をきちっと果たしてもらいたい。

その二は、新聞は政治的に中立でなくてはならない。なぜなら、新聞は社会の公器として国民にとって重要な社会的・政治的事象を報道し、公正な批判をくだすことをその主要な任務のひとつとするからである。新聞社が、だから、政党となれあいになったり、特定の政治的傾向をもつことは深く戒められるべきである。新聞が真に社会の公器たるためには、事実の正確な報道をもって足れりとするのではなく、冷静な分析、透徹した見通し、現代社会をどう見るかという視点をゆるがせにしてはならないと思う。それが新聞の英知であり、道徳というものであろう。

ところで、今日の社会で大きな勢力をもっている新聞にたいして、読者からの疑問や要望がどれだけものをいうことができるかは、問題である。けれども新聞はやはり、受け手からの意見や批判に道を閉ざしてはならない。読売が、読者とともに新聞づくりを考えてゆこうとするのなら、たんに「気流」欄だけではなく、自由に紙面を批評する欄（たとえば他紙の「私の紙面批評」といった類の）を設けて、諸家の批判を定期的に掲載するようにすることが有意義であろう。

記事の正確は新聞が最善の努力を傾けているところと私は思う。しかし新聞は限られた時間のなかで、確かな事実をつかみとる努力をしなくてはならぬので、どうしてもミスが生まれる危険がある。問題は、誤って報道された記事であっても、一般には真実として信じられることである。誤報記事によって個人の名誉や信用を傷つけられたようなとき、法律的には訴訟の道が開かれているとしても、社会的には「書き捨て御免」といわれるほどの猛威をふるうことになる。それだけに新聞には真実追求の精神と研ぎすまされた人権への感覚が必要であろう。

取材の第一線には、ベテラン記者を配し、誤りのない、こくのある記事を届けてほしい。

政治、社会、文化欄と自分の関心のある面はとりわけ克明に読んでいるが、最近、各面とも情報の幅が広がり解説にも深みがでてきたように思う。しかしもっと独立自由の発言と批評のために、署名入りの鋭い評論を増やすようにしてもらえれば、どの面も精読に耐えられる密度の高い紙面となるだろう。読者として大いに関心を寄せているところである。

私たちはいま、言論の自由がある社会に生きている。言論の自由は、いうまでもなく「私たちが憎む思想」であってもそれを発表する自由を認めるところに、その本質があることを忘れてはならない。三回にわたって続いた朝日新聞襲撃事件は、言論・報道活動にむけた無法なテロ行為として、絶対に許されない。読売が社説で「言論への銃弾、もう許すな」と論じたのは、報道機関としてもとより当然であったといわなくてはなるまい。

新聞週間をきっかけに、言論の自由に対する関心と理解がいっそう深まることを切に希望してやまない。

（読売新聞　一九八七年一〇月一六日）

15 リクルート事件の中の憲法記念日
――必要な国民の権力監視――

一九四七年に施行された日本国憲法はきょう〔一九八九年五月〕三日、四二回目の誕生日を迎える。この機会に、国の政治のあり方や人権保障の意義について少し考えてみたい。憲法に関心を持ちその精神を心得ておくことは、国民としての務めだと考えられるからである。

国民主権の原理

日本国憲法の何よりの使命は、いうまでもなく、国民主権の原理に立って民主政治をおこなうことにある。民主政治では、すべての国民が政治権力の源でなくてはならない。国民は主権者として国会議員の選挙権を持っており、国民の選挙によって国会がつくられる。国会は、国民を直接に代表する機関であり、国会を中心として国民の意向にもとづく政治の実現を目ざしているのである。その国会の意思で内閣総理大臣をきめ、総理大臣が国務大臣を任命して内閣をつくる。そして内閣が裁判官を任命するということになっている。裁判官のうち、最高裁判所の裁判官については、国民審査がみとめられ、国民によって罷免されることがある。国民審査は、裁判官といえどもなんらかの民主的コントロールに服させることが望ましいという趣旨で設けられたものである。

憲法を改正する場合は、国会の発議にもとづいて、国民投票に付される。ここで国民は憲法に関して直接に意見を表明する機会が与えられるから、改正の是非は結局、国民の判断が決め手になるといってよい。

主権者の自覚

憲法への理解を深めるに少しは役だつだろうと考えて、いまの憲法の定める民主的政治機構のあり方や原理をざっと描いてみたが、それでは、かような政治体制は、いったい何を要請するであろうか。まず、それによって、国民がともすれば忘れがちな主権者としての自覚というものを再認識する必要に迫られる。また、国会や内閣などの政治機構を成立させたのが、総選挙におけるわれわれの投票にほかならないということを改めて思いおこす責任があるであろう。どの国の国民も、原則として、かれらに値する以上にすぐれた政治体制を享有することはできないものである。さらに大切なのは、私の考えでは、国会や内閣が本気で国民のために政治をおこなおうとしているか、国民としては、しつこく、ねばり強く、それを監視することである。それが満たされないかぎり、民主政治は不可能である。

いまリクルート事件で国民の間にきわめて深刻な政治不信がひろがっている。政局のみだれに国民はひとしく失望を感じ、心をなやましている。国民の前に事件の真相を明らかにしてもらいたいと望んでいる。その全容が解明されないかぎり、この事件を包む疑惑の霧は晴れない。

時局を解決するため、平成元年度予算の成立を見とどけて竹下内閣は退陣し、自民党のだれかがその次の内閣を組織するという段取りでことが進んでいるようである。しかし、後継内閣はなるべく早く、衆議院を解散し、総選挙を通じて、主権者たる国民に信を問うのが、憲政の常道だと考えられる。政治の根本的立て直しを期するためには、国会の構成を最近の選挙民の意向に即して再編成すべき必要があると考えられるからである。

本質は人権の保障

また憲法には、政治機構に関する諸規定のほかに、基本的人権保障の規定が設けられ、国家の権力によっても侵すことのできない権利が国民に与えられていることを見落としてはなるまい。基本的人権を確保することは、日本国憲法の大きなねらいであった。そのため、日本国憲法は、国家の権威よりも、生きた人間の自由や権利を尊重しなくてはならぬという近代国家の基本理念に立って、個人の尊厳と価値を人間社会における何よりも大切な価値として認め、人間尊重の精神を強調している。ここでは、国家における統治の目的は、それを構成する国民のためにあるのだと考えられている。人権の保障はまさに、憲法の本質的な部分をなすものといってよい。

国民の間には、憲法の規定がどうであれ、それは日常生活に大した関係はないという意識がなかなか強いようであるが、しかし、戦後の日本社会は、憲法がはぐくんだ自由と平和の基礎の上に成り立っているということを、ゆめ忘れてはなるまい。憲法記念日にあたっていま必要なのは、何といっても、憲法の根本精神を正しくつかみ、心のうちに人権の思想を深く刻みこむ努力をすることであろう。

（熊本日日新聞　一九八九年五月三日〈文化〉）

16 自治体職員の「資質」を考える

「地方行政」を真に実りあるものとして築きあげるには、その重要な狙い手である自治体職員の資質向上が不可欠であることはいうまでもない。「ふるさと創生」の時代といわれるなかで、自治体職員の資質や能力が問われるゆえんである。

昨今の行政は、政治的・経済的・社会的条件の激しい変化とも絡んで複雑多岐にわたり、質的にみてもかなり専門技術的性質の知識を要求しているし、行政による住民生活への多面的なコンタクトが求められざるをえなくなっている。

自治体職員は、このような状況の下で、住民のニーズに応えて、地域行政に係る諸問題を機敏に手ぎわよく処理していかなくてはならない。そのためには、広い視野と豊富な知識を身につけ、絶えず住民の立場に立って行政課題に対処する精神を持ち続ける必要がある。

そこでこの機会に、これからの自治体職員に求められる資質について、少し考えてみたいとおもう。

自治体職員に求められる第一の資質は、地域の生活に根ざした手法で問題を解決し、住民本位の行政を創造していくのだという情熱を持つことである。社会の変化の激しい時代には、旧来からの慣習や事例にとらわれない、新しい発想や着眼点が必要とされる。そのためには、問題意識を持たなくてはならないし、問題を発見して、それを具体的に解決する方策を講じていく能力、つまり政策形成能力ないしは企画立案能力を備えた人材が、求められているといえるだろう。「ふるさと創生」の支援策として竹下首相が打ち出した全市町村への一律一億円配分が、いま各方面で注目されているが、この「一億円交付金」を各自治体がどう使うか。ここでもその政策立案能力が問われるであろう。せいいっぱい、地域の特性を活かして活性化を図る施策を考え出してもらいたいものである。

第二は、高い専門性を身につけることが必要である。複雑多様化した行政にそれは不可欠なものであって、職員は少なくとも行政のプロでなくてはならない。一つの問題を解決するためには、それと相互に絡みあっているほかの諸問題にも留意しなければならなくなってくるので、個々の担当分野について精通しているだけでなく、さまざまな問題を多角的に研究する態度や能力が必要だといえるだろう。

第三に大切なのは、広い視野で的確に社会経済情勢の変化に対応しうる能力と長期的展望を持つことである。何かと将来の見通しが不透明な今日では、問題自体が顕在化する前にその兆候を押さえておかないと、後手後手にまわる恐れがある。変化する社会の動きに柔軟に対応することはもとより必要なことであるが、いろいろな社会の動きを包括的につかみ、全体の潮流をふまえて、個々の仕事の意味と脈絡を考えるようにしなければ、これからの自治体職員としては失格である。そうして地域社会のあるべき姿の実現にむけて積極的に取り組んでいく姿勢が不可欠となるだろう。

第四は、これからの職員には渉外能力とでもいうべきものが要求されていることが挙げられる。というのは、今後は行財政制度の見直しや補助金の整理改善などをめぐって、中央省庁との間の話し合いや交渉の機会が多くなることが予想されるし、自治体間の交流も活発になるであろうが、そうなるとどうしても渉外的な能力や説得の能力が重要性を帯びてくるといわなくてはならない。

以上、自治体職員の資質や能力について、要望や期待が少し大きすぎたかもしれないが、今日の行政のきびしい状況において、私は、このような資質を備えた人材を期待しないではいられないのである。

（地方自治職員研修二八九号、一九八九年六月）

17　転機に立つ平和憲法
――自衛隊の海外派遣――

日本国憲法が施行されてから四十四年。その間に、日本がこの憲法の規定する平和と民主の路線にそってたどりきたった歴史の動きには、まことに起伏多いものがある。しかも昨今の激しく変転する国際・国内の諸情勢のもとで、とりわけ湾岸戦争をきっかけとして、憲法の平和主義の精神を無視する動きが、だんだん強くなってきている。

海部内閣は、昨年十月に国際社会への貢献という名目のもとに「国連平和協力法」案を国会に提出し、また今年一月には、自衛隊を海外に派遣するための「特例政令」を制定し、さらに四月下旬には、掃海艇艦隊をペルシャ湾にむけて出動させるというきわめて重大な決定をした。憲法第九条は、一体どうなるのか。憲法が重大な転機にあることは否定できない。

二つの原則

憲法は「恒久の平和」（前文の言葉）を基本理念とし、第九条は戦争の放棄と軍備の全廃との二つの原則を宣明している。「陸海空軍その他の戦力はこれを保持しない」と定め、軍備を禁じている憲法のもとで、それを踏みにじるような既成事実がどんどんつくりあげられてきたのは、顕著な事実であるといってよい。日本の政治の現実は憲法の理念からますます離脱するばかりである。

今の自衛隊は当初朝鮮戦争を機として、一九五〇年に警察予備隊として発足、五二年には特別の必要がある場合に行動する部隊という名目のもとに保安隊および警備隊に変態、さらに五四年には、直接侵略および間接侵略にたいしわが国を防衛することを主たる任務とするという表看板をかかげた自衛隊となった。その組織・装備はまさに軍隊の実を示すに至っている。

なぜこんなことになったのか。それは政府が、憲法で直接に放棄されているのは侵略のための戦争であって、それ以外の戦争、すなわち、自衛戦争までは放棄していないとの立場にたって、憲法で禁じられている「戦力」の概念をあまりにも恣意的に解釈し、「近代戦を遂行しうる能力に達しなければ戦力でない」とか「自衛力は戦力でない」などという言葉で、脱法的解釈を加えながら、日米安全保障条約のもとで、平和憲法の理念をなしくずし的にゆがめて運用してきたところに、今日の事態を招く要因がつくられてきたのである。今の自衛隊を戦力でないと説明することは、いかにも無理があろう。

思うに、湾岸戦争を機に政府のとった諸施策は、憲法の基本理念を忠実に守るかぎり、そのいずれも妥当とはいえない。

存在が違憲

まず、「国連平和協力法」案だが、その国会審議に際して、政府は、武力行使を目的としないのなら自衛隊の海外派遣も許されると強弁したのだった。しかし、多くの憲法学者が認めるように、憲法九条の戦力不保持規定の趣旨に照らして自衛隊の存在そのものが違憲であるなら、武力行使を目的とするか否かにかかわらず、これを海外に出動させることは憲法上許されないといわなければなるまい。

つぎに自衛隊機派遣の「特例政令」についてだが、これはさきに廃案となった国連平和協力法案に代わって、自衛隊機を海外で飛ばすための法的枠組みを、政府かぎりで制定する政令の形式をもってつくりあげたものである。なるほど政府は国会の場では「特例政令」は自衛隊法一〇〇条の五で政府に委任された範囲内のものだと主張し、湾岸戦争に伴う避難民の輸送を臨時応急の措置として政令でおこなうことを正当化している。けれどもその説明は著しく説得力に欠けるといわざるをえない。

もともと同条は、国賓、内閣総理大臣および政令で定める同クラスのＶＩＰについて、近距離を航空機で運ぶためにつくられた規定である。かつて政府は、同条の立法当時に、この規定にもとづいて在外邦人の救出をおこなうことはできないと説明しているが、在外邦人の救出についてできないことは、避難民の輸送についてもできないといわなければなるまい。また国会の討論も審議もなしに、政令でやったことは、議会制民主主義に反することはなはだしい。

ところが、こんどはペルシャ湾の機雷除去のため海上自衛隊掃海部隊の派遣を決定し、去る四月二十六日に、艦艇六隻と約五百人の掃海部隊を出動させた。これで政府は五四年の自衛隊発足以来初めて、自衛隊の海外派遣への道を開くことになったわけである。

説明は困難

政府は、掃海艇の派遣は自衛隊法九九条（機雷等の除去）にもとづく措置であるとし「武力行使の目的を持つものでなく、憲法の禁じる海外派兵には当たらない」と説明している。しかし、自衛隊法九九条を根拠に外国へ掃海部隊を派遣するというのは、それ自体きわめて無理な拡大解釈である。また憲法論からいっても、政府はこれまで自衛隊を「専守防衛」の目的に徹するものと位置づけて合憲としてきたが、専守防衛の基本を守るなら当然、自衛隊の活動領域は限定されるはずである。つまり政府の憲法論に立つとしても今回の派遣は説明できないものだといえよう。

このように見てくると、平和憲法の歩みは、必ずしも平々坦々たるものではない。それどころか、内外の諸情勢の激しい変転のなかにあって、きわめて困難な境地に追い込まれ、どう進むべきかに迷わねばならない事態が生じている。憲法は今重大な転機に立たされているといってよい。

だが、こうした状況のもとでこそ、平和と民主を建前とする憲法の基本理念は、これを、棄ててはならないと思う。

（西日本新聞　一九九一年五月五日）

18　ＰＫＯ法案　私はこう見る

ＰＫＯ法案は、一口で言えば自衛隊の本格的な海外派兵法案である。廃案になった国連平和協力法案と比較しても、より重大な憲法上の問題があるように思う。

例えば、平和協力法案は多国籍軍への後方支援を建前としていたが、ＰＫＯ法案は、ＰＫＦ（平和維持軍）への参加を真正面から規定している。また、停戦監視団やＰＫＦの活動については、「自衛隊員だけが参加することができる」と規定。隊員が携帯する武器についても何ら規定はなく、組織的な形でストレートに自衛隊の武力行使を容認する内容となっている。平和協力法案よりも一段と違憲性が強いと思う。

政府はPKOの法案の目的を「人的貢献の一環」と言う。しかし、実際には別の政治的な狙いが見え隠れする。

ソ連脅威論が説得力を失った状況の中で、政府は自衛隊の新たな存在理由を国民に提示する必要に迫られている。その理由付けの一つがPKOへの参加ではないか。またUNTAC（国連カンボジア暫定統治機構）への参加には、アジアにおける軍事的影響力を確立する狙いがあると言ってよかろう。

私も国際貢献が必要なことは、否定しない。問題は貢献の中身だ。多くのアジア諸国から批判が寄せられていることでも分かるように、PKO法案は、軍事的貢献が骨格となっている。彼らの批判にも謙虚に耳を傾け、本当の国際貢献とは何かを考えるべきだ。

日本がなすべき国際貢献とは、平和憲法の精神を基軸とした世界平和への貢献指針を長期的展望にたって探ることだろう。そのためには、まず憲法九条の理念が内外に通じるよう努力しなければならない。

戦争放棄、軍縮推進、地球環境の保全、貧困・差別の解消、自由と人権の擁護。これが人類の緊急かつ必須の課題である。日本は徹底した不戦と軍縮を国際社会に向けて問い続ける必要がある。被爆国として、それを訴える正当性を持っている。

非軍事に徹した形でなしうる貢献策はたくさんある。しかも国際貢献の主体となるのは政府だけではない。非政府機関や市民のさまざまな貢献も期待できる。これらは世界平和に向けての強力な武器となろう。日本国憲法の平和主義は国際貢献の大きな指針と言える。

19　直前参院選に問う

（熊本日日新聞　一九九二年六月一〇日）

国連平和維持活動（ＰＫＯ）協力法の成立は、戦後のわが国の外交政策を大きく転換させるものだった。しかし国会では、「まずＰＫＯありき」で自衛隊海外派遣の是非や国連への協力ばかりが焦点となり、「日本がいかなる国際貢献をすべきか」という広い視野からの議論がなかったのはまことに残念だ。日本国憲法の平和主義の理念は、世界の政治的規範になるはずである。ポスト冷戦の世界で、日本はどんな国際協力の哲学や行動原理を持つのか。憲法の精神に則し、国際政治をむしろリードするぐらいの努力が必要となろう。この際各党は、将来にわたる日本の国際協力への道すじを、選挙民にわかるよう政策として提示すべきだ。

数年前から叫ばれている政治改革は、まず地方政治に活力を呼び戻さないと断行できないだろう。それには地方分権が不可欠。保守か革新かというイデオロギー的な議論ばかりではだめだと思う。地方政治が、住民の自治と参加で成り立つような仕組みを作る必要がある。

今年の選挙の立候補予定者を見ると、無所属の候補者が多いのが気になる。わが国の政治の現状は、政党が必ずしも国民生活の現実に深く根をおろしているとはいえないが、民主政治が政党を基盤に成り立っているのは冷厳な事実であり、無所属でどこまで力を発揮できるか疑問である。選挙は一般に人の選択だという意識がまだ強いようだが、投票にあたっては候補者の所属政党を吟味すべきだと私は思う。

無所属候補者については、特にその政策を十分に吟味し、政党政治の現実の中で、議員として全国民のためにしっかりと任務を果たしてくれるかどうかをよく検討したうえで、既存の政党の候補者よりも慎重に選択しなければなるまい。

民主政治の将来は、われわれの一票にかかっていると言ってよい。政治を動かすのは、最後は国民である。佐川、共和など、解決していない政治腐敗の問題に国民は目を光らせて、これを見守ってきたが、国会がけじめをつけないならば、国会への国民の評価を投票において示すべきだ。国民一人ひとりが自覚を持って一票を投じてほしい。

（読売新聞　一九九二年七月三日）

20　政党法を考える

このところ政党法制定の問題が政界で再燃している。しかし、率直にいって政党法制には、これといった新しい進展の兆しは見られない。そのいちばん大きな原因は何といっても、政党および政党政治家の法的拘束にたいする奥深い嫌悪の情が大きく作用しているといっていい。

政党法への抵抗感は、それが現実の政治的状況に規制を加え、あるいは逆に政治の現実にたやすく翻弄されるのではないかという危惧にある。政党が過度の規制を嫌うのは当然というべきだが、政治の現実に翻弄され、あるべき立法が容易でないというだけで反対するのは、少しおかしい。事物の本質に照らせば真面目な民主主義者にとって、政党法は今日不可欠といわねばならぬ。権力の抑制はすべての法治国家における立法の本質的使命といっていい。政党は、社会的政治的領域における自由な結社であるにかかわらず、恣意的なものでも、絶対的なものでもない。したがって、民主的立憲国家における政党にたいしては、やはりある程度の制約が加えられなければならぬのは当然のことであろう。政党法の制定は焦眉の問題である。

政党法は、何をいかに規定すべきかという重要な問題をかかえている。何を規定すべきかは、その国の現実政治の具体的な状況や必要性によって定まるところが大きい。だが今日では、政党立法についてはどの国でも多かれ少なかれ規定すべき共通の問題があることは否定しえない。(1)選挙候補者の指名を含む政党の内部秩序(2)政党の財政関係(3)政治的プロセスにおける政党の地位と国家機構との関係(4)政党の機会均等などの問題が、それである。これらは立法者にきわめて困難な問題を提供する。すなわち、政治生活における動態的要素としての政党は、その本質上、厳密な法的規制を嫌うからである。また、政党構造の多様性と現状の正確な把握をしたうえで、将来への発展に道をひらいておかなければならないから、政党法は、他の法律にくらべると高度な柔軟性を要請される。現代会社法に見られるような精密度は、政党法には妥当しないといえよう。しかし、だからといって、政党秩序の基本的事項について規定もせず、また規定があっても忠実に守られず、特定政党の利益に仕えるようなものであっては、政党法というに値しない。今国会提出の「政党助成法」案は、選挙候補者の指名や内部秩序のあり方などについてはなんら定めるところがない。政党への国の助成を主眼としたもので、私の考える政党法とは縁遠い。

政党には法的規制から逃れようとする強力な意志と、あらゆる権力的地位を容赦なく利用しようとする性向がある。だから、政治的圧力によって押しつぶされたり、空文化されたりしない政党法であろうとすれば、決定的に重要な問題は、その正確さと必要最小限度の実効性であろう。それだけに政党の性格と役割をよく心得た賢明な立法者が必要とされる。法の実定性を具えた内実のある政党法であれば、民主的法治国における政党秩序の確立にとってその効用は大きいと思う。

（国会月報四〇巻五三三号、一九九三年五月一日）

21 日本新党解党を決定

日本新党は政治改革を最優先に掲げ、五五年体制による自民党長期政権を突き崩した。国民に政治が変わるんだという認識を呼び起こしたのは、画期的なことだった。

しかし、厳しい政党政治の現実からみれば、細川政権で実現した衆院への小選挙区比例代表並立制導入を前に日本新党が政界再編の大きな渦に巻き込まれ、解体せざるを得なくなったのは、まことに皮肉な結果と言わなければならない。

政党は本来、国民の声を国家の政策に高める「伝声管」としての役割を果たすべきである。それには政党としての安定性と継続性をそなえていなければならない。政党の離合集散があまりにも簡単に行われるようでは、国民の信頼は得られなくなるだろう。支持した国民の意思に十分配慮する必要がある。

そういう意味で、日本新党には解党してもらいたくなかった。しばらく連立しながら可能なかぎり独自性を維持し、地方分権、生活者、消費者重視といった新しい政治の座標軸を実現してゆく態勢を立て直す必要があったように思う。

「責任ある変革」を掲げた政党の理念が、どこまで新・新党に引き継がれてゆくのか定かではない。

新・新党は新たな政策、理念を立ててゆくことになるだろうが、その中にこれまでの理念をどこまで盛り込めるかによって、日本新党の評価が定まるのではないか。短命を惜しまざるを得ない。

（朝日新聞　一九九四年一〇月三一日）

22　不逮捕特権

去る〔一九九四年〕三月八日、東京地検特捜部はゼネコン汚職事件政界ルート捜査のため、中村喜四郎衆議院議員についてあっせん収賄容疑で東京地裁に逮捕状を請求した。

国会会期中の議員には不逮捕特権があるため、衆議院に逮捕についての許諾請求がおこなわれた。衆議院は与野党協議の結果、三月一一日の本会議で全会一致をもって許諾請求を承認した。国会議員にたいする逮捕許諾請求は、一九六七年の大阪タクシー汚職事件以来二七年ぶりのことである。

一　その意義と制度の趣旨

憲法は、「両議院の議員は、法律の定める場合を除いては、国会の会期中逮捕されず、会期前に逮捕された議員は、その議院の要求があれば、会期中これを釈放しなければならない」（憲法五〇条）と定める。

いわゆる不逮捕特権の保障である。これは、近代的な議会制度の発展過程において生まれた制度であって、その趣旨は、議員の身体の自由を国会の会期中とくに厚く保障し、政府の権力によって議員の職務が不当に妨げられることを防ぐにある。すなわち、政府が反対派の議員を政略的目的で逮捕し、不当にその議会活動を封殺しようとするのを防止するものである。したがって、犯罪行為をおこなった議員を議員であるがゆえにとくに保護するというような意味は、まったくないといってよい。

この場合、憲法が認めたのは、会期中逮捕されない特権であって、訴追されない特権ではないから、逮捕しないで身柄不拘束のまま刑事訴追をすることは、もとより許される。逮捕とは、ひろく公権力によって身体の自由を拘束することを意味する。この制度の目的からみれば、刑事手続上の逮捕、勾引、勾留のみならず、たとえば警察官職務執行法による保護措置(同法三条)など他の手続にもとづく身体の自由の拘束を含むと解すべきであろう。

議員が逮捕されない保障を与えられているのは、国会の「会期中」だけである。それは、国会が活動能力をもつのが原則としてその会期中にかぎられているためである。国会休会中の期間は、国会がその意思にもとづいてその活動を休止しているに過ぎず、国会は国会としての活動能力を取得し、いつでもみずから会議を開くことができるから、会期中に含まれることはいうまでもなかろう。

参議院の緊急集会の期間は、厳密な意味では国会の会期ではないが、その間参議院は、国会の権能を暫定的に代行するから、ここにいう「会期中」に含まれるものと解される。国会法一〇〇条一項および四項は、この趣旨を確認している。

二　逮捕される場合
――不逮捕特権の例外――

ところで、議員がどんな犯罪を犯した場合にも国会会期中はこれを逮捕することができないとすることは、一般国民に比し議員に不当に厚い保護を与えるものであり、不合理である。そこで憲法は、会期中に逮捕されない特権について、法律をもって例外を定めることができるものとしている。これを受けて国会法は、「院外における現行犯罪の場合」と「その院の許諾」がある場合の二つの場合を例外としてあげている（同法三三条）。

(a)　第一に、院外における現行犯罪の場合には、犯人および犯罪事実がきわめて明白であって、理由のない嫌疑によって不当な逮捕がおこなわれる可能性が少ないからである。この場合にまで特権を認めることは、かえって、国会への信頼を失わせることになろう。明治憲法では、院内における現行犯罪も、憲法みずからが特権の例外として除外していた（同憲法五三条）。国会法は院外における現行犯罪にかぎっているが、それは、院内の現行犯罪については、これを院外の権力にゆだねず、議院自身が自主的に措置するのが望ましいと考えられたためである。現行制度によると、議院内部の警察権は議長がこれを行使し（国会法一一四条）、院内に現行犯人があるときは、衛視または警察官がこれを逮捕・拘束して議長の命令を請うことになっている。また、議場における逮捕・拘束は、議長の命令をまっておこなわれることになっている（衆議院規則二一〇条、参議院規則二一九条）。

(b)　第二に、「その院の許諾」があれば、会期中であっても逮捕することは可能である。議院の許諾を要するとすることによって、逮捕の乱用を防止することができるからである。会期中における議員の逮捕についてその院の許諾を求める手続としては、所轄裁判所または裁判官が令状を発する前に内閣に要求書を提出し、内閣は要求書の受理後速やかに、その要求書の写を添えて、議院に許諾を求めることになる（国会法三四条）。許諾の請求は、形式的には内閣によってなされるが、請求権者はどこまでも裁判所または裁判官であるから、内閣はその裁量によってこれを阻止することはできず、「速やかに」その手続をとらなければならない。内閣から逮捕許諾についての要求書が提出されたときは、その院の議長はまず議院運営委員会に付託し、その報告をまって本会議に付しこれを議決するのを例としている（衆議院先例集八七、参議院先例集八二）。日本国憲法施行以来、逮捕の許諾が求められたのは、今回の中村議員で一五人目である。

三　許諾の許否と期限付許諾

逮捕の請求を受けた議院は、逮捕についての許否をどのような基準によって決すべきか。その判断基準については、憲法にも国会法にも明文の規定はなく、この制度の趣旨をいかに解するかによってその考え方も異なってくる。第一の立場は、逮捕が正当なものであるか否かによるべきであるとする見解である。すなわち、犯罪の容疑が濃厚で、しかも、証拠の湮滅や逃亡のおそれがあるなど身柄の拘束を会期終了までまちえない緊急の必要性があると認められるとき、つまり逮捕に正当な理由があるときには、議院は逮捕の許諾を与えなければならないとするのである。これにたいして第二の立場は、その議員の逮捕が議院の審議活動にとって妨げとなるか否かによるべきであるとする見解である。すなわち、正当な逮捕理由の存否のほか議院の職務遂行の必要性を考え、たとえ正当な逮捕の理由があったとしても国会活動の必要性を理由として許諾を拒むことができるとするのである。不逮捕特権の目的が、議院の審議活動を保障するというよりは、主として政治的動機にもとづく妨害から議員の身体の自由を守ることにある点から考えると、第一説を正当とみるべきであろう。すなわち、逮捕の理由が正当であって、逮捕権の乱用でないことが明らかであると認められるときには、議院の審議活動に多少の支障をきたすような場合でも、議院は許諾を与えなければならぬと解される。第二の立場をとると、議院が不当に許諾を拒み、許諾権の乱用を容易にするおそれがあるであろう。

逮捕の許諾を与える場合に、議院は、条件や期限をつけることが許されるか。この点については、第一九回国会において、衆議院が一九五四年二月二三日、有田二郎議員の逮捕許諾にあたり、重要案件の審議・議決を理由として、三月三日までという期限をつけて逮捕することを許諾した際に問題となった。その根拠となったのは、国会の運営や審議の重要性に重点をおく考え方で、議院が許諾をするかどうかはひとえに議院の裁量にゆだねられており、議院はその許諾を全面的に拒むことができる以上、それに条件や期限をつけることも許されるというのであった。これにたいし、議院がそういう期限をつけるのは違法だとか、議院は、逮捕権の乱用であると認めれば許諾を与えず、その反面、乱用でないと認めれば許諾を与えるという二つのうちのいずれかに決すべきであるという説が唱えられた。この事例において東京地検は期限付許諾を無視し、刑事訴訟法の規定にしたがい東京地裁に通常の勾留請求をおこない、東京地裁も無期限の勾留状を発したため、有田議員は三月二日、東京地裁にその取消を求めて準抗告の手続をとった。しかし結局裁判所は、「議院の逮捕許諾権は議員にたいする逮捕の適法性および必要性を判断して不当不必要な逮捕を拒否しうる権能である……右の観点において適法にしてかつ必要な逮捕と認めるかぎり無条件にこれを許諾しなければならない。したがって、議員の逮捕を許諾するかぎりその逮捕の正当性を承認するものであって、逮捕を許諾しながらその期間を制限するがごときは逮捕許諾権の本質を無視した不法な措置といわなければならない」と判示し（東京地決昭和二九・三・六判時二二号三頁）、この場合の期限は無効であると解し、三月三日を過ぎても釈放しなかった。正当な措置であったと考えてよかろう。

四　釈放の要求

会期前に逮捕された議員については、会期中議院の要求による釈放の制度が定められている。これは、会期前の逮捕によって引き続き不当な拘束がなされるのを避けようとする趣旨である。したがって、会期前に逮捕された議員については、その議院の要求がないかぎり、会期の開始後においても引き続き逮捕をつづけることができ、逮捕の継続について別に議院の許諾を求める必要はない。しかし議院の要求があれば、その議員を釈放しなければならないのである。ただ、議員が現行犯罪として逮捕されている場合および前の会期に議院の許諾をえて逮捕されている場合は、いずれも逮捕に正当な理由があると認められるから、原則として次の会期で釈放を要求することはできないと解するのがおそらく正当であろう。釈放の要求の発議は、議員二〇人以上の連名で、その理由を付した要求書を議長に提出することによっておこなわれる(国会法三四条の三)。なお、内閣は、会期前に逮捕された議員があるときは、会期のはじめに、その議員の属する議院の議長に、令状の写を添えてその旨を通知しなければならず、また、会期前に逮捕された議員について、会期中に勾留期間延長の裁判があったときも、その議員の属する議院の議長にその旨を通知しなければならない(国会法三四条の二)。

五　失われつつある制度の目的

不逮捕特権の制度は、さきに述べたように、長い議会制の歴史的発展の過程において発達した制度であり、政府の権力による国会への不当な干渉を排除するために重要な役割を演じていた。しかし、国会がその独立性を確保し、行政が一般に国会によるコントロールのもとにおかれる今日では、その本来の意味を失いつつあるといってよい。この特権は、たとえば、交通刑事事件にも適用される場合があるが、遺憾ながら、それは実際の社会生活のなかで議員を過大に保護する結果となろう。社会の実情から遊離して、この制度が政治的に乱用され、刑事司法に悪影響を及ぼすことのないよう、適正な解釈・運用が望まれる。

(法学教室一六五号、一九九四年六月)

23　改正宗教法人法の問題点

今国会最大の焦点だった宗教法人法改正は去る〔一九九五年〕一二月八日、参議院本会議で自民、社会、共産各党などの賛成多数で可決、成立し、同月一五日に公布された。一年以内に施行される予定である。しかし、今回の改正は、いろいろの意味で問題を残す規定を含んでいるように思われる。そこで、今回の改正の要点を、かいつまんで批判的に検討してみよう。

いちばん問題になるのは、改正論議のきっかけである。そのきっかけはオウム真理教のような事件の再発防止にあると考えている人が多いようであるが、この事件が果たして宗教法人法の「欠陥」から生じたものといえるだろうか。それはまったく見当違いの意見というほかはない。宗教法人法には「この法律のいかなる規定も、宗教団体が公共の福祉に反した行為をした場合において他の法令の規定が適用されることを妨げるものと解釈してはならない」と規定されている（法八六条）。

したがって、犯罪教団の施設の捜査に何の支障もなく、現行法の適正な運用によって解決できる問題であるから、この種の事件の再発防止を理由として宗教法人法を改正するのは筋違いであったといってよい。

宗教法人法は、国家による宗教団体の管理・監督のためにつくられた法律ではない。宗教団体が活動しやすいように「法律上の能力を与えることを目的」（法一条）として制定されたものである。戦前の国家による宗教への差別や弾圧の歴史を繰り返さないよう、憲法に保障された「信教の自由と政教分離の原則を基本」にすえてつくられた法律である。信教の自由をほんとうに確保するためには、国家が宗教に口出しをせず、どこまでも中立的な態度をとる必要がある。そこで宗教法人法は、宗教団体への国家の規制を極力排除し、宗教団体についての規制を最小限にとどめるよう、その制定当初から深い注意が払われているといえる。だから、今回の改正のように所轄庁の宗教法人への監視を強化し調査や質問権を導入することは、運用のいかんによっては、宗教法人法の性格に根本的な変更を加える結果を招くのではないかと恐れている。

改正の問題点を考える上で、とりわけ次の諸点を見落としてはなるまい。

第一は、二県以上で活動する宗教法人を文部大臣の所轄に改めた点であるが、地域的な性格の宗教団体であっても教化・布教に熱心な場合は次第に大きな広がりをみせ、他の都道府県にまたがって活動がなされるのは当然の成り行きといえる。その場合、活動の根拠とされる境内建物であるかどうかの判断につき異なった認識があるとき、その判断はどのようになされるのであろうか。ここに解釈と運用のあいまいさが残る。

第二は、信者らに財務関係書類の閲覧権を認めることについても問題がある。これは宗教法人の財務の透明化に役立つといわれているが、信者らにこうした情報を公開するか否かは本来宗教団体や宗教界の自主的努力に委ねるべきことであって、行政庁が介入すべきではないであろう。またここにいう「信者その他の利害関係人」とは、どういう者を指すのだろうか。賽銭や寄付をした者なども含むというのか。必ずしも明瞭ではない。それは宗教法人が判断するというのが政府答弁であったが、その判断の適否をめぐって今後トラブルが生じることがあるように思う。

第三は、財務関係の書類を中心に所轄庁への報告義務を課した点である。これによって法人の運営状況を所轄庁が把握できるといわれているが、ここにも実態を把握し指導監督を強化しようとする姿勢がみられることに、大きな注意を注ぎたいと思う。この場合、報告は財務関係に限定されているとはいえ、信者の寄付内容やプライバシーの保護に留意する必要があろう。信仰にかかわる事柄はきわめてセンシティブな私事であるからである。

第四は、所轄庁に報告徴収と質問権を付与した点である。これは当初考えられていた立ち入り調査権よりは緩やかな形になり、収益事業の停止命令（法七九条）、一年以内の認証取消（法八〇条）、解散請求（法八一条）に該当する「疑い」があるという場合に限定し、しかも、宗教法人審議会の意見を聴いたうえで、報告を求め質問する権限を所轄庁に与えたもので、その濫用に対していくつかの歯止めも用意されている。だが実際の運用いかんによっては、質問権を通して宗教法人の実質的な活動を調査するのと同じ効果を生ずる恐れがあるといっていいだろう。宗教活動に所轄庁が質問と称して介入するような事態が、この規定によって弁明されるというようなことがあってはならない。

なお宗教法人はこの法律によってその法的地位が確立されたことを深く認識し、どこまでも法の精神に則した法人の運用を心がけ、いやしくもこの法律の前途に暗い影を投ずることのないよう努める必要があろう。

以上のような問題点を指摘しながら、私は憲法の保障する信教の自由の原点に立ち返って、宗教法人法がどのように運用されていくか、注目したい。

（熊本日日新聞　一九九五年一二月二〇日（夕））

24　住民投票の意義と役割

憲法や地方自治法の規定で、地方行政は基本的に間接民主制となっている。個別の施策について、住民が決定を下す住民投票には、首長や議会の機能と責任体制を脅かす恐れがあるとし、慎重な立場が表明されるのは無理からぬことだ。

しかし、地域の行政の実情はどうだろうか。原子力発電所、空港、道路、産廃処理施設の建設などの地域社会にとって重要事項を議会で十分な審議を尽くさず、首長からも納得ゆく説明がないまま、住民には不透明な状況下で決められるような事態が起きているのも事実である。

こうした状況に直面し、住民から生活に直結する重要問題について、首長や議会に任すことなく、住民投票で決めるべきだとの運動が起きるのはむしろ自然の成り行きと言える。住民投票は、法学者の間では、個別の施策について、議会や首長を法的に拘束したり、直接、決定するのではなく、施策の「参考」にするためであれば、適法性が認められている。間接民主制を補完する機能を持つとして、広く承認されているというべきだろう。

小林市の住民投票で反対票が賛成票を上回ったことは、産廃処理施設建設に対する住民の不同意の意思表示が確定したことを示す。だが、反対意思は有権者数の四四・五二％であり、絶対得票率では反対が過半数に達しなかった。この結果をどう受け止めるか、行政や業者の対応が注目される。

岐阜県御嵩町の産廃住民投票は、町有地を売却するかどうかの町の判断に影響を与えた。小林市の場合、県の許可を受けた業者が私有地に建設するため、法的には市が対応できることはほとんどないといってよい。行政手続法によれば、産廃処理場のような「迷惑施設」の許可申請も、法律の定めを満たしている限り、迅速に許可すべきものとされている。

現に知事が許可し、建設は進みつつあり、ほとんどなすすべがないといってよかろう。法的観点からは、今回の住民投票は実り少ないものになりそうだ。住民投票で解決できる事項とその限界をしかと見定めておくことが肝要である。

住民投票を無意味なものと言うつもりはない。投票の結果を生かし、行政が相応の対応をできる対象や事項を選んで投票にかけるならば、住民意思の統合と把握に重要な意義と役割を果たすことが十分可能になるであろう。

（読売新聞　一九九七年一一月一七日（夕））

III　行政の実務体験から

25　熊本市環境基本条例案について

一　はじめに

ご紹介いただきました竹内でございます。〔一九八八年〕六月から熊本市の専門委員として、行政上の法律問題について、市長を補佐する立場に置かれています。過日、市長から、環境問題に積極的に取り組みたいのだが、熊本市の環境行政の柱となるような条例はできないものだろうか、という相談を受けました。そこで、市長のこのような要望にもとづいて私は、環境問題についての市の基本的な施策、基本的な姿勢を示し、今後の環境行政の基礎となるべき環境基本条例の立案を試みることにしました。立案作業の過程では保健衛生局や文書課の協力もいただき、やっとお手元の案文ができあがりました。それをきょうご説明するということなんですが、まず最初に、立案者としての考え方ないしはこの条例の基本理念をかいつまんで説明し、ついでこの条例の各条項の意味内容を説明するということにしたいとおもいます。

きょうはこんなにたくさんの方がお見えになるとは想像しておりませんでしたが、この条例は市の行政の基本にかかわる問題ですので、責任ある幹部の方々がこうしてお見えになったということは、結構なことであります。この条例の適正な運用にとっても、望ましいことだとおもいます。

この条例は簡単なものでございまして、ごらんのとおり、「基本条例」と銘打っており、環境行政についての市の基本的な姿勢と施策のポイントを明記しておこうという考えで成り立っているわけです。前文と本文一一条、それに附則から成っております。

前文と申しますのは、ご承知のように、法律の場合でも条例の場合でも、本文の前に序文としてつけた文章のことを言っているのです。形式的に申しますと、本文とあわせて条例を構成しているのでありますます。つまり、前文も条例の一部を形づくっているわけです。前文はできるだけ格調高くうたいあげるのが通例です。内容的にはその条例の制定に至った経緯とか、あるいは条例の理想とか、目的とか、そういうものを明確に示し、本文各条項の方向づけをする役割を果たすものです。そういう基本的な原理を盛り込んで条例の解釈、運用についての究極的な基準を示すのが前文というものです。だが、あまり美辞麗句を並べますと、表現だけが空騒ぎしてかえって文章が弱くなります。そこで、立案に当たりましては、できるだけ余計な形容詞や強い表現を避けて、環境行政の基本的な在り方や理念を明らかにするように努めたつもりです。このような前文を持つ条例は、本市には、これまでにないようであります。

基本条例ということですので、この条例が今後制定される環境に関する個別の条例の頂点に立つと申しますか、基礎になるといいますか、そういう意味合いのものですので、あえて前文を置いて、ここで熊本市における環境行政の基本的な考え方を示すことにいたしました。

二　環境基本条例案の骨子

ではつぎに本文の骨子についてご説明いたしましょう。短い条例ですから、ざっとごらんいただくとおわかりいただけるとおもいますが、条例の輪郭をつかむために、まずこの条例案の大綱について説明いたします。

第一に、市、事業者、市民の、良好な環境確保のために果たすべき責任と役割というものを規定しております。これは三条から五条にかけての規定です。

第二に、市は、環境に関する施策を総合的に推進するために、良好な環境確保のための基本計画を策定することといたしております。そしてこの基本計画に基づいて具体的な施策を実施することにしております。第六条に規定されていますように、その施策は、ひろく市民の生活環境、自然環境、文化環境といったあらゆる分野に及ぶわけですが、第六条にはそのうちで特に重要なものが例示されています。そこで「必要な措置を講ずる」といっているのは、今後個別的な条例を制定していくということも含めて「必要な措置」といっているわけでして、かならずしもそれにつきるわけではありません。条例の制定という立法的な措置のほか、行政上の措置をも含む必要な措置を講じていくという趣旨であります。

第三に、良好な環境を確保するための手法でございますが、環境への悪影響を防止し、除去するために行政のとる手段といたしましては、指導、助言、勧告をすることといたしております。また紛争が生じたときはあっせん、調停にあたることができることといたしております。

第四に、広域にわたって発生した環境問題に適切に対処することを配慮して、市長は、国とか他の公共団体に対し必要な措置要請をするものといたしております。

第五に、環境行政に関する基本的な重要事項を審議する機関として、熊本市環境審議会を設置することとしております。

三　環境基本条例案の法意——逐条解説

以上が、この条例案の骨子でありますが、それではこれから、若干内容に立ち入りまして、逐条的と申しますか、条を追ってお話をすることにいたします。

まず**前文**ですが、前文は、その規定の内容から申しますと、環境行政の基本的な原理を定めているという意味で、この条例が、基本法的な性格を持つことを明らかにしているわけです。その第一項で、「熊本市民は、豊かな自然と先人の築いた歴史的及び文化的遺産の恩恵を享受し、良好な環境のもとで生活をしてきた。しかし、最近のはげしい社会経済情勢の変化と都市化の進展にともない、この恵まれた環境が損なわれようとしている。」といっているのは、いうまでもなく、歴史的な経過を述べているわけです。

つづく第二項で、「このまま推移するならば、環境の悪化が進み、市民の健康で文化的な生活が阻害され、自然界との調和すらおびやかされることにもなりかねない。」と述べていますのは、これは、第一項の事実を踏まえて予測される事態というものを指摘しているわけです。どのような施策を考えるにせよ、現状を十分に認識しなくてはならぬといえるでしょう。

第三項には「われら熊本市民にはいまこそ、安らぎと潤いのある良好な環境を保全し、これを将来の市民へと継承するために最大の努力をすることが強く要請されている。」と書いてありますが、これは今われわれに課せられた責任の重さを強調しているのです。安らぎと潤いのある良好な環境を保存し、すべての市民が健康で快適な生活を営むことができるような住みよい熊本市をつくりあげることは、市政の大きな課題だといえるでありましょう。ここに「安らぎと潤いのある良好な環境」というのは、若干形容過多のきらいがないわけではありませんが、こうした環境が人たるに値いする人間生活の基本条件である以上、やはりわれわれはそういう良好な環境を維持・形成し、これを後々の世代のために永く受け継いでいくべきだということを第三項は、いいあらわしているのです。

第四項は、前文の結びになるわけですが、ここでは、前項の要請にこたえて「市民の福祉のために、熊本市における良好な環境の維持及び形成を図ることを期して、この条例を制定する」ということを、はっきりと定めました。これから熊本市は、この条例に基づき環境行政に積極的に取り組むことになりますが、その際、とくに大切なことは、「健康で文化的な生活を営む権利を保障する憲法の精神にかんがみ、すべての市民が良好な環境を享受すべき権利を有する」という理念をとりわけ重んじ、その実現を期して環境行政を展開することが強く求められているということです。これは、いやしくも市民たるものには、人間の生存のために不可欠な、良好な環境を享受し、かつその環境の改善・向上を求める権利が与えられており、すべての市民にそうした良好な環境を保障することが、行政の責務となった、という新しい理念をはっきりと提示したものといえます。そして、この点にこそこの基本条例の特色があらわれていると見るべきでありましょう。環境権の理念こそ、まさにこの条例を支える大黒柱なのです。

前文につづいて**第一条**に条例の目的が掲げられています。市民生活における良好な環境の確保を図るには、環境行政はどうしても相互に有機的な関連を保ちながら、総合的・計画的にすすめられなくてはならなくなりました。個々の施策の充実・強化はもとより重要なことですが、その施策が相互に有機的連関のもとに実施されることが、何よりも大切なことです。そこで、環境行政のよりどころとなる「基本的な施策を定め、これを総合的に推進する」という表現がなされているのです。「総合的推進」という表現にこれまでの行政の在り方への反省がこめられているわけです。そして、「市民の福祉の増進に寄与」すること、これがいちばん大事な目的であることを、はっきり言明しています。

つぎに**第二条**ですが、ここに規定する良好な環境というのは、「市民が健康で文化的かつ快適な生活を営むことができる」ような環境をさします。環境行政として市が取り組むべき環境の対象範囲は、およそ市民生活のすべての部面に及ばなくてはならないという認識に立って、この条例においては「生活環境」や「自然環境」だけではなく、歴史と文化を具現する「歴史的及び文化的な環境」をも含むということを明らかにしています。

第三条第一項では、市が良好な環境を確保するための「基本的かつ総合的計画」を策定し、実施する責務を負う旨を定めています。さきほどもちょっと触れましたように、環境行政は相互に有機的連関を保つよう総合的な見地から推進されなくてはならないわけでして、これからの施策は、この環境計画をひとつの行政目標として、その実現を期すべきだというのが、第一項の趣旨なのです。

第二項では、良好な環境の確保のためには、市民の協力が不可欠なものですから、市が市民の環境に対する意識の啓発に努めるべきものとされたのです。

第四条は、事業者の事業活動が地域環境にすこぶる大きな影響を与えることから、その社会的・道義的責務について定めたものです。第一項では、その事業活動によって良好な環境を侵害しないように、必要な措置を講ずること、および市の実施する施策に協力することが、要請されています。ここで「必要な措置」というのは、たとえば、公害防除施設の設置、電波障害・日照障害等の防止対策の実施、地下水の適正利用、環境アセスメントの実施など、良好な環境の確保のために事業者としてとるべきすべての措置を含んでいるといっていいのです。「施策に協力」とは、市の施策の実施を確保するために事業者が積極的に努力をしなくてはならぬという意です。

第二項では、事業者が法律を遵守するのはもとより当然のことでありますが、それだけではなく、事業者にはさらに地域環境や住民生活への悪影響を極力回避して事業を実施すべき義務のあることを規定しています。ここに「法令その他条例に違反しない場合においても」とは、事業者は形式的に合法でありさえすれば、事業活動の自由として何をやっても構わないというような考え方を否定し、それ以外にも、良好な環境の確保のためになされる行政指導や要綱の定める制約に服するという趣旨を明らかにしているといえましょう。法令に違反しないかぎりは、事業者にはいかなる自由も許されると主張することは、もはや地域住民の正義感の受けいれるところではありません。この条例は、こうして事業者にその社会的責務の自覚を促し、協力を強く要請しているのであります。

第五条は、市民が市の施策に協力する責務を負うことを定めたものです。市の施策は、第三条とともに、第六条の規定によって実施されますが、ほんとうに住みよい、安らぎと潤いのある良好な環境を確保するためには、市民の協力がぜひ必要です。行政だけで実現できるものではありません。市民や事業者の積極的な協力が不可欠です。ここに「協力」というのは、要するに、すべての市民が環境の保全と向上に寄与していくよう、心がけなくてはならぬということです。したがって、環境にたいする理解を深め、互いに協調し、周囲の環境に配慮した生活に努め、自然環境の保護育成に留意することはもとより、歴史的文化的遺産を大事にし、地域社会の健全な発展に向って心を合わせて努力しなくてはならぬといえるでありましょう。

第六条は、市の講ずべき環境施策を、生活環境、自然環境、歴史的および文化的環境の三種に類別し、その主要なものを例示しています。しかし、市の施策は、ここに例示された事項だけに限定されるわけではありません。市が実施の必要があると認めるときは、法令の規定に違反しないかぎり、このほかにも、市の責任でこれを処理することができるのです。ここに「必要な措置」といっているのは、良好な環境を維持し形成するために役立つあらゆる施策という意であり、条例の制定はもとより、行政指導を展開して住民の協力を要請したり、計画を策定し将来を展望した行政を推進することなど、いずれも必要な措置にあたると解していいでしょう。

第七条は、国等への措置要請、すなわち環境対策を実施する場合に、市長の果たす使命を規定したものです。市長の本来の使命は地方公共団体を統轄代表し、住民のためにその事務を管理執行するにあることはいうまでもありません。環境行政は、しかし、その事象によっては行政区域を超えて対処しなければならないものも生じてきます。そこで国や他の公共団体と連携しながら適切な対応を図るため、場合によっては、国や他の公共団体が実施する事業につき、環境対策上、必要な措置を講ずるよう要請しなければならなくなるところから、このような規定を置いたわけであります。

第八条は、第四条および第五条で事業者、市民に市の実施する施策への協力義務を課していることとの関連で、事業者や市民にたいする指導、助言、勧告について規定したものです。この規定は、いうまでもなく、現在具体的な施策の推進のために策定されている要綱等による行政指導についても、条例上の根拠を付与するものといえます。第一項の趣旨は、市が環境諸施策を実施する過程で、市民や事業者に一定の作為や不作為を要求する必要のある場合に、権力的な指揮命令の方法によって強制するのではなく、指導、助言、勧告といったおだやかな方法、つまり非権力的な手法を駆使して市民に働きかけ、これを誘導し、その自発的同意と協力のもとに、所期の目的を達成しようとするところにあります。こういう手法を総称して今日ではこれを行政指導と呼んでいることはよく知られているところですが、行政指導は法的拘束力をもたず、法理上は相手方はこれを拒むことができるわけです。しかし、市民としてはおだやかな方法で協力を求められるほうが心理的にも抵抗感がすくなく、これを受け入れやすいという効用があり、環境行政においてはとりわけ、行政指導の果たす役割は大きいといっていいとおもいます。

第二項では、第一項の勧告を受けた者がそれに従わないときは、その旨および勧告の内容を公表することができるものとしています。公表は、勧告に従わない者にとっては、社会的に大きな制裁であり、勧告の履行を担保する手段として効果的であると考え、この条例にもとり入れたわけであります。また勧告の内容も秘匿すべきものではなく、ひろく世間に公表し、その当否を世論の批判にさらし、世論の監視のもとにその公正さを確保し、いやしくも不当な勧告がおこなわれることのないようにするため、その内容もあわせてこれを公表すべきものといたしております。

第九条には、事業者と近隣住民とのあいだに紛争が生じた場合に、その解決のために市があっせん・調停にあたることができることを定めています。ここで「あっせん」というのは、双方の主張を確かめ、紛争が解決されるように努力することをいい、「調停」というのは、当事者間を仲介して和解・示談の成立に努力することをいいます。地域住民の要望にこたえ、無秩序な開発や建築行為を抑止し、良好な環境を確保するには、どうしてもあっせん・調停を通して開発業者や建築主の自制を要請するほかはないので、市としては、当事者に社会的責任の自覚を促し、当事者の互譲により、法規の拘束を離れ、条理にかない、しかも実情に適した解決を期して最大の努力を傾けなければなりません。ひとたび破壊された環境はたやすくもとにはもどりません。そこで、こういう規定を置くこととしたのです。運用の妙をえるならば、法令の不備を補って良好な環境の保全に役立つところが大きいのではないかとおもいます。

第一〇条は、市長の諮問機関として熊本市に環境審議会を置くことを定めた規定であります。環境審議会は第三条に規定する基本計画の決定にさきだってこれを審議するほか、良好な環境確保に関する基本的事項を調査審議するものとされています。ここに「諮問に応じ」とありますが、これは諮問に応じて審議会がその活動を開始するという意であります。委員の構成や審議の手続等につきましては、規則をもって定めることとされています。審議会にたいしては、市長から、たとえば、「……に関する要綱を示されたい」というような形の諮問事項が発せられることになるものとおもわれます。

第一一条は、この条例が完全に施行されるために要請される必要な事項を定めることを、市長に委任した規定であります。市長は、この条例の目的が具体的に達せられるために必要と考えられるあらゆる事項を定めることになります。

附則は、この条例が公布の日から施行される旨を定めています。

以上をもちまして、この条例の逐条解説を終えることにいたします。

四　おわりに

最後に、ひとこと申しあげておきたいことがあります。私は専門委員として市長の意向をできるだけくみとり、その基本的内容を条文の形で的確に表現することに努めたつもりです。このうえは、どうか議会でいっそうの検討を加え、その内容の正当性をひろい視野から多角的に吟味され、熊本市の環境行政の発展のためにこの条例を可決されるよう、期待しているところであります。ほんとうに意を尽さず、しかも基本的な論点についてのみお話しするにすぎないものとなってしまいましたが、これで私の講演を終えさせていただきます。ご清聴ありがとうございました。

＊本稿は、一九八八年八月一二日に熊本市役所大会議室で開かれた「環境基本条例案説明会」における講演の速記を補正したものです。なお、この条例案は、一九八八年九月議会に提案され、九月一四日全会一致をもって原案通り可決された。一〇月一日に熊本市条例第三五号として公布され、この日から施行されることになった。

（熊本市保健衛生局・環境基本条例の解説、一九八八年一〇月）

《資料》　熊本市環境基本条例（案）

熊本市民は、豊かな自然と先人の築いた歴史的及び文化的遺産の恩恵を享受し、良好な環境のもとに生活してきた。しかし、最近のはげしい社会経済情勢の変化と都市化の進展にともない、この恵まれた環境が損なわれようとしている。

このまま推移するならば、環境の悪化が進み、市民の健康で文化的な生活が阻害され、自然界との調和すらおびやかされることにもなりかねない。

われら熊本市民にはいまこそ、安らぎと潤いのある良好な環境を保全し、これを将来の市民へと継承するために最大の努力をすることが強く要請されている。

ここにわれらは、健康で文化的な生活を営む権利を保障する憲法の精神にかんがみ、すべての市民が良好な環境を享受すべき権利を有するとの理念を確認し、市民の福祉のために、熊本市における良好な環境の維持及び形成を図ることを期して、この条例を制定する。

（目的）
第一条　この条例は、環境に関する基本的施策を定め、これを総合的に推進することにより、市民生活における良好な環境の確保を図り、もって市民福祉の増進に寄与することを目的とする。
（定義）
第二条　この条例において「良好な環境」とは、市民が健康で文化的かつ快適な生活を営むことができる生活環境、自然環境並びに歴史的及び文化的環境をいう。
（市の責務）
第三条　市は、良好な環境を確保するための基本的かつ総合的計画を策定し、これを実施しなければならない。
②　市は、良好な環境の確保に関する市民意識の啓発に努めなければならない。
（事業者の責務）
第四条　事業者は、その事業活動によって良好な環境を侵害しないよう自己の責任と負担において、必要な措置を講ずるとともに、市の実施する施策に協力しなければならない。
②　事業者は、法令、県条例その他条例に違反しない場合においても、良好な環境を確保するため、最大の努力をしなければならない。
（市民の責務）
第五条　市民は、自ら良好な環境の確保に努め、市の実施する施策に協力しなければならない。
（市の施策）
第六条　市は、第三条一項に規定する計画に基づき、次に掲げる事項について必要な措置を講ずるものとする。

一　公害の防止、土地の適正利用、都市景観の保全、青少年の健全育成その他生活環境の確保に関すること。

二　緑地の保全、都市緑化の推進、地下水の保全、河川の浄化その他自然環境の確保に関すること。

三　伝統的建造物の保全、名所、旧跡等の整備、歴史的景観の維持、文化財の保護、文化活動の推進その他歴史的及び文化的環境の確保に関すること。

（国等への措置要請）

第七条　市長は、良好な環境を確保するため必要があると認めるときは、国又は他の地方公共団体に対し必要な措置を講ずるよう要請するものとする。

（指導等）

第八条　市は、良好な環境に対する侵害を防止し、又はこれを除去するため、市民及び事業者に対し、必要な指導、助言及び勧告を行うことができる。

②　市は、前項の規定による勧告を受けた者がその勧告に従わないときは、その旨及びその勧告の内容を公表することができる。

（あっせん、調停）

第九条　市は、良好な環境の確保に関し紛争が生じたときは、その紛争の解決に資するため、これのあっせん又は調停にあたることができる。

（審議会の設置）

第十条　市長の諮問に応じ、良好な環境の確保に関する基本的事項を調査審議するため、熊本市環境審議会（以下「審議会」という。）を設置する。
② 審議会の組織及び運営について必要な事項は、規則で定める。

（委任）

第十一条　この条例に定めるもののほか、この条例の施行に関し必要な事項は、市長が別に定める。

附　則

この条例は、公布の日から施行する。

26　熊本市環境基本条例の立案に携わって

——立案にあたっての基本的な方針などを。

環境行政を導く究極の規準、つまりその理念をどこに置くかが問題だが、私はこれを憲法に求めるのが妥当ではないかと考えた。第二五条に「すべて国民は、健康で文化的な最低限度の生活を営む権利を有する」とうたってあり、第一三条には幸福追求権が規定されている。人間の生存と福祉の増進は、良好な環境のもとではじめて可能となるわけだから、学界でも最近これらの憲法条文を根拠に〝環境権〟という新しい権利が認められるようになった。この権利は「人間の生存のために不可欠な良い環境を享受し、かつその環境の改善・向上を求める権利」だといえる。条例の立案にあたっては、この考えに沿ったものにしようと努めた。人間らしい住みよい都市づくりができるようにしようというのが施策のねらいだったからだ。

――条例制定の意義は。

条例の仕組みと狙いからいって、バラバラの個別行政でなく、総合的な推進が必要だ。今後、基本計画を策定し、それに基づいて各施策――広く市民生活や自然環境・文化環境などあらゆる面にわたって必要な措置――を講じていくことになるだろう。環境基本条例に基づき「熊本市ラブホテル建築規制に関する条例」と「熊本市緑地の保全及び緑化の推進に関する条例」の二つの条例が誕生したことは、条例の趣旨・目的が早くも具体化しつつあることの現われだ。

これまでは、行政と民間が互いに協調して地域社会の健全な発展に向かって努力しよう――という気持ちが生まれても、具体的な施策には必ずしも結びつかなかった。このたび環境権という高い理念を盛り込んだ条例が市民の代表である市議会において全会一致で可決された。さらに、市がその条例に従って着実に、積極的に環境行政を展開していこうとしていることは、大いに評価できるし、今後の環境行政に明るい展望を切り開くきっかけになるだろう。環境行政に新たな展開が期待できる。

――今後の課題は。

この条例は、その趣旨が事業者や市民にも理解されて初めて真価を発揮する。条例には行政・事業者・市民が一体となって住みよい都市づくりをしていこうという基本的な姿勢がある。やはり、三者の理解と協力が不可欠だ。市民――とりわけ事業者の社会的責任の自覚に負うところが大きいことを強調しておきたい。

（熊本日日新聞　一九八九年六月四日）

27 Die Umweltverordnung der Stadt Kumamoto

――Eine Erklärung――

I. Das Ziel und die Geschichte der Umweltverordnung

Die enge Beziehung zwischen dem Leben der Bürger und der Umwelt ist offensichtlich.

Die Entwicklung der Gesellschaft und die fortschreitende Industrialisierung und Urbanisierung, gekoppelt mit einem raschen Wirtschaftswachstum, führen fortgesetzt zu einer beträchtlichen Belastung der Umwelt und zu Umweltverschmutzung. Natürliche Ressourcen und die intakte

Umwelt werden nach und nach im Austausch für die Annehmlichkeiten des täglichen Lebens zerstört.

Die Stadt Kumamoto ist selbstverständlich keine Ausnahme in dieser Situation. Sie setzt sich jedoch schon längere Zeit für die Erhaltung der Umwelt ein und erklärte sich etwa 1972 zur "Stadt des Waldes" und erließ 1973 eine "Grüunflächenverordnung". Dennoch verschlechtert sich die Umweltsituation weiterhin rapide. Das zeigt sich unter anderem in der Abnahme der Grünflächen und dem Rückgang des Grundwasserspiegels als Folge einer fortgesetzten Urbanisierung. Zusätzlich kam es vor einigen Jahren, wegen unterschiedlichen Vorstellungen in bezug auf Lebensraum und städtischer Umgebung im Zusammenhang mit dem Bau von Wohnanlagen, zu Konflikten zwischen Bürgern und Bauunternehmen, die bis heute anhalten. Das bisherige Fehlen wirkungsvoller Gegenmaßnahmen machte den Bedarf an Maßnahmen für die Erhaltung eines lebenswerten und komfortablen Lebensraums noch dringender.

In dieser schwierigen Lage ist die Verhinderung der rapiden Verschlechterung der Umweltsituation und die Gewährleistung einer intakten Umwelt für die Bürger eine immer wichtiger werdende Aufgabe für die Verwaltung.

Deshalb wurde der Erlaß einer Verordnung als stützende Säule für die Umweltpolitik und als positiver Ansatz zur Bewältigung von Umweltproblemen eine wichtige Zielsetzung für die Umweltverwaltung. Die Umweltverordnung wurde im Spetember 1988 dem Stadtrat vorgelegt, am 14. September einstimmig angenommen und am 1. Oktober veröffentlicht und in Kraft gesetzt.

II. **Umriß des Inhalts der Umweltverordnung**

Zuerst möchte ich die wichtigsten Punkte der Umweltverordnung erklären. Obwohl sie recht kurz ist, kann man diese Verordnung doch als grundlegend bezeichnen. Sie reflektiert das Grundkonzept der Stadt und die wichtigsten Punkte des Maßnahmenpaketes der Umweltverwaltung.

Die Verordnung besteht aus einer Präambel, 11 Artikeln und Zusatzbestimmungen.

Als erstes enthält die Verordnung die Verpflichtungen und Aufgaben der Stadt, der Unternehmer und der Bürger, um eine intakte Umwelt, wie in den Artikeln 3 bis 5 beschrieben, sicherzustellen.

Zweitens fordert sie die Stadt zur Erstellung eines Basisplans zur Sicherung einer intakten Umwelt und zur Förderung von Umweltschutzmaßnahmen auf. Ferner ist festgehalten, daß mit diesem Plan auch konkrete Maßnahmen verbunden sein müssen. Wie in Artikel 6 beschrieben, betreffen diese Maßnahmen die drei Bereiche Lebensraum, natürliche und kulturelle Umwelt. Die wichtigsten Punkte sind in Artikel 6 speziell hervorgehoben. Obwohl Artikel 6 vorsieht, daß "die Stadt notwendige Maßnahmen ergreift", so ist die Bedeutung des Ausdrucks "notwendige Maßnahmen" nicht nur auf die ausdrücklich in Artikel 6 erwähnten Maßnahmen beschränkt, sondern bezieht sich auch auf Verordnungen, die in Zukunft noch von der Stadt erlassen werden. "Notwendige Maßnahmen" bedeutet daher, daß die Stadt zusätzlich zu den rechtlichen Maßnahmen alle notwendigen Maßnahmen, einschließlich Verwaltungsmaßnahmen, ergreift.

Drittens, was die Methoden zur Sicherung einer intakten Umwelt anbetrifft, sieht die Verordnung Anleitungen, Ratschläge und Empfehlungen als Methoden für die Verwaltung vor, um negative Einflüsse auf die Umwelt in den Griff zu bekommen. Die Verordnung sieht weiter vor, daß die Verwaltung in Streitfällen eine Schlichtungsfunktion anbieten kann.

Viertens sieht die Verordnung vor, daß der Oberbürgermeister die Regierung in Tokio und andere Präfekturgemeinden um Unterstützung ersuchen soll, wenn dies für die Behandlung von Umweltschutzproblemen, die ein größeres Gebiet betreffen, notwendig ist.

Schließlich sieht die Verordnung vor, daß eine Umweltschutzkommission der Stadt Kumamoto als Beratungsorgan für wichtige Maßnahmen der Umweltverwaltung gegründet werden soll.

III. Die rechtliche Bedeutung der Umweltverordnung —Erklärung der einzelnen Artikel—

Nach der Erklärung der grundsätzlichen Ausrichtung der Verordnung möchte ich jetzt die einzelnen Artikel etwas genauer untersuchen.

(1) Die Präambel

Aus dem Inhalt der Präambel geht hervor, daß die Verordnung normalen Gesetzescharakter hat, da sie die Grundprinzipien der Umweltverwaltung enthält.

Die Präambel stellt im ersten Absatz fest: "Bisher haben die Bürger der Stadt Kumamoto in einer intakten Umwelt gelebt und sich des natürlichen Reichtums und der kulturellen Tradition, die sie von ihren Vorfahren übernommen haben, erfreut. Doch auf Grund fortschreitender Urbanisierung und drastischer sozio-ökonomischer Veränderungen ist unsere wertvolle Umwelt ernsthaft bedroht." Dieser Absatz bezieht sich sowohl auf die geschichtliche Entwicklung als auch auf die aktuelle Situation.

Im folgenden Absatz der Präambel steht: "Wenn diese Entwicklung unvermindert weitergeht, wird die Umwelt immer stärker darunter leiden, und die Gesundheit und das kulturelle Leben der Bürger sind gefährdet. Damit stünde letztlich die Harmonie mit der Natur auf dem Spiel." Diese Aussage weist auf die Situation hin, die auf Grund der im ersten Absatz erwähnten Fakten erwartet werden muß.

Im dritten Absatz der Präambel heißt es: "Deshalb sind alle Bürger Kumamotos jetzt dringend aufgefordert, ihren bestmöglichsten Beitrag zur Erhaltung einer intakten Umwelt zu leisten, damit uns ihre Vorzüge erhalten bleiben und wir sie unseren Nachkommen möglichst unversehrt hinterlassen können." Diese Aussage betont die Verantwortung, die auf uns allen lastet. Wie Herr Oberbürgermeister Tajiri immer darauf hinweist, ist es eine große Aufgabe für die Stadtverwaltung, eine intakte Umwelt voller Komfort und Annehmlichkeiten zu erhalten, die allen Bürgern ein ausgefülltes und bequemes Leben ermöglicht. Die gewählte Ausdrucksweise "eine intakte Umwelt voller Komfort und Annehmlichkeiten" ist wohl leicht übertrieben. Dennoch, da eine solche Umwelt eine Grundvoraussetzung für uns Menschen ist, liegt es in unserer Verantwortung, eine intakte Umwelt zu erhalten, zu schaffen und unseren Nachkommen zu überlassen.

Der vierte Absatz schließt die Präambel ab und hält als Antwort auf die Anforderungen des vorausgehenden Absatzes klar fest: "Zum Wohlergehen der Bürger Kumamotos und um ihnen eine intakte Umwelt erhalten oder schaffen zu können, wird diese Verordnung erlassen." Von jetzt an wird die Stadt Kumamoto die Umweltverwaltung im Sinne dieser Bestimmungen stärker als bisher auf den beschriebenen Kurs drängen. Die Idee, die hinter dem Satz "Wir anerkennen das Recht jeden Bürgers auf eine intakte Umwelt, wie es in der Japanischen Verfassung festgeschrieben steht, das allen Bürgern die Möglichkeit eines ausgefüllten und kultivierten Lebens ermöglicht." steht, wird in der Präambel besonders hervorgehoben. Daher ist es dringend erforderlich, daß eine Umweltpolitik durchgeführt wird, die es ermöglicht, dieses Ziel zu erreichen.

Dies betont klar die neue Ansicht, daß jeder Bürger ein Recht auf eine intakte Umwelt hat, die als Grundvoraussetzung für das Überleben der Menschheit angesehen wird. In diesem Sinne kann der Bürger Umweltverbesserungen verlangen, und die Verwaltung ist verpflichtet, dem Bürger eine intakte Umwelt zu garantieren. Dieser Teil stellt den zentralen Punkt der Umweltverordnung dar.

(2) **Artikel 1–Zweck**

Der Zweck der Verordnung ist in Artikel 1 festgehalten. Es wird für die Umweltverwaltung zunehmend unumgänglicher, einem umfassenden Plan zu folgen. Um dabei den Bürgern eine intakte Umwelt garantieren zu können, ist der Zusammenhang der einzelnen Maßnahmen sorgfältig zu beachten. Die Verbesserung und Stärkung einzelner Maßnahmen ist wichtig. Noch wichtiger ist es aber, adß die Maßnahmen so eingesetzt werden, daß sie positiv zusammenwirken. Aus diesem Grund enthält Artikel 1 den Ausdruck "durch die Formulierung und Durchführung grundlegender Umweltschutzmaßnahmen", der zu einem Grundsatz für die Umweltverwaltung wird. Der Ausdruck "Durchführung grundlegender Umweltschutzmaßnahmen" spiegelt eine kritische Einstellung zum herkömmlichen Ansatz seitens der Verwaltung wider. Außerdem hält Artikel 1 fest, daß es das Ziel der Verordnung ist "die Wohlfahrt der Bürger zu gewährleisten".

(3) Artikel 2-Definition

Die "intakte Umwelt" des Artikels 2 bezieht sich auf Umstände, "die den Bürgern ein hohes Maß an Lebensqualität garantieren". Basierend auf der Anerkennung der Tatsache, daß alle Umweltbereiche von der Stadt wahrgenommen werden sollen, wird klar festgehalten, daß die Verordnung nicht nur den "Lebensraum und die natürliche Umgebung", sondern auch die "historisch-kulturelle Umgebung" betrifft.

(4) Artikel 3-Aufgaben der Stadt

Im Absatz 1 des Artikels 3 wird festgehalten, daß die Stadt einen "umfassenden Plan" formulieren und anwenden soll, um eine intakte Umwelt sicherzustellen. Wie schon zuvor kurz angedeutet, muß die Umweltverwaltung aus einem umfassenden Gesichtspunkt heraus betrieben werden, der die Beziehungen zwischen verschiedenen Maßnahmen berücksichtigt. Außerdem sollen in der Zukunft Maßnahmen zur Umsetzung des Umweltplans, der als eine Zielvorgabe der Verwaltung gilt, ergriffen werden.

Da die Zusammenarbeit mit den Bürgern eine absolute Notwendigkeit darstellt, sieht Absatz 2 vor, daß die Stadt Anstrengungen unternehmen muß, um das Bewußtsein der Bürger für die Notwendigkeit der Erhaltung einer intakten Umwelt zu fördern.

(5) **Artikel 4-Pflichten der Unternehmer**

Da die Unternehmer durch ihre Geschäftsaktivitäten einen großen Einfluß auf die Umwelt ausüben, regelt Artikel 4 die soziale und moralische Verantwortung von Unternehmern.

Im ersten Absatz wird von den Unternehmern verlangt, daß sie die erforderlichen Maßnahmen ergreifen, um die Umwelt durch ihre Geschäftsaktivitäten nicht negativ zu beeinflussen, und daß sie mit der Stadt bei der Umsetzung von Maßnahmen zusammenarbeiten sollen. Der hier verwendete Ausdruck "eigenverantwortlich und auf eigene Kosten Maßnahmen treffen" steht für alle Maßnahmen, die von Unternehmern zur Sicherstellung einer intakten Umwelt getroffen werden.

Diese umfassen zum Beispiel Maßnahmen zur Vermeidung von Umweltverschmutzung und Lärmbelästigung. Ferner sollen Vorrichtungen zur Kontrolle, zur Vermeidung und ggf. zur Beseitigung von Umweltverschmutzung installiert und Umweltverträglichkeitsprüfungen durchgeführt werden. Der Ausdruck “bei den städtischen Umweltschutzmaßnahmen mitwirken” bedeutet, daß die Unternehmer positive Anstrengungen unternehmen sollen, um die Durchführung von Maßnahmen der Stadt sicherzustellen.

Der zweite Absatz regelt, daß nicht nur Gesetze und Verordnungen eingehalten werden müssen, sondern daß die Unternehmer für ihre Aktivitäten verantwortlich sind und sich darum bemühen müssen, die Umwelt der Stadt und das Leben der Bürger vor negativen Auswirkungen zu schützen.

Die Aussage “sind auch dann gehalten, wenn dies nicht durch Verordnungen, Vorschriften oder Richtlinien der Präfekturregierung zwingend vorgeschrieben ist” stellt eine Abkehr von der Idee dar, daß Unternehmer die Freiheit haben, alle geschäftlichen Aktivitäten zu entwickeln, die nicht gesetzlich verboten sind. Zusätzlich wird damit klargestellt, daß der Unternehmer an Richtlinien und Empfehlungen der Verwaltung gebunden ist, die eine intakte Umwelt sichern.

Das Argument, daß dem Unternehmer alle Freiheiten zustehen, solange er mit seinen Geschäftsaktivitäten nicht gegen Gesetze oder Verordnungen verstößt, ist nicht mehr mit dem Gerechtigkeitsverständnis der Bürger vereinbar. Diese Verordnung drängt die Unternehmer, ein Bewußtsein für ihre soziale Verantwortung zu entwickeln und verlangt ausdrücklich ihre Zusammenarbeit.

(6) Artikel 5-Bürgerpflichten

Der Artikel 5 verpflichtet die Bürger zur Zusammenarbeit mit der Stadt.

Wenngleich die Maßnahmen der Stadt in Übereinstimmung mit den Bestimmungen von Artikel 3 und Artikel 6 durchgeführt werden, ist doch die Mitarbeit der Bürger bei der Sicherstellung einer intakten Umwelt voller Komfort und Annehmlichkeiten von entscheidender Bedeutung. Die Verwaltung ist bei der Umsetzung dieser Ziele auf die Mitarbeit der Bürger und der Unternehmer angewiesen. Das Wort "Zusammenarbeit" bedeutet in diesem Zusammenhang, daß jeder Bürger alle Anstrengungen unternehmen sollte, um zur Erhaltung und Verbesserung der Umwelt beizutragen, d.h., daß die Bürger, durch besseres Verständnis der Umwelt, Zusammenarbeit und Verwirklichung eines umweltbewußten Lebensstils, alle Anstrengungen für eine gesunde Entwicklung der Stadt unternehmen sollten. Dabei wird betont, daß nicht nur die natürliche, sondern auch die historische Umwelt und das kulturelle Erbe besondere Aufmerksamkeit verlangen.

(7) Artikel 6–Maßnahmen der Stadt

Artikel 6 unterteilt die von der Stadt zu ergreifenden Umweltmaßnahmen in die drei Gruppen Lebensraum, natürliche Umgebung sowie historische und kulturelle Umgebung und listet wesentliche Punkte auf.

Die Maßnahmen der Stadt sollen jedoch nicht auf diese Punkte beschränkt bleiben.

Wenn die Stadt es als notwendig erachtet, kann sie in ihrem eigenen Verantwortungsbereich auch andere Maßnahmen durchsetzen, solange diese nicht gegen das Gesetz oder andere Bestimmungen verstoßen. Der hier verwendete Ausdruck “Maßnahmen” umfaßt alle Maßnahmen, die der Erhaltung oder Schaffung einer intakten Umwelt dienlich sind. Es kann daher angenommen werden, daß nicht nur der Erlaß der Verordnung, sondern auch die Aufforderung an die Bürger zur Zusammenarbeit, durch amtliche Leitlinien und die Förderung einer zukunftsorientierten Verwaltung mit Hilfe eines entsprechenden Plans “Maßnahmen” darstellen.

(8) Artikel 7–Anträge und Forderungen an die Regierung in Tokio

Artikel 7 behandelt Maßnahmen seitens der Regierung in Tokio oder anderer Präfekturgemeinden, die der Oberbürgermeister bei der Durchführung von Umweltmaßnahmen fordern kann. Selbstverständlich hat der Oberbürgermeister dabei die Aufgabe, die lokale Regierung zu überwachen und zu repräsentieren und die Anliegen der Bürger zu vertreten. Je nach Art der betroffenen Umwelt kann es auch vorkommen, daß die Umweltverwaltung verpflichtet ist, außerhalb ihres Verwaltungsbereichs tätig zu werden.

Die Stadt muß daher in enger Zusammenarbeit mit der Regierung in Tokio und anderen Lokalverwaltungen handeln. Es wird erwartet, daß die Stadt in einigen Fällen umweltpolitische Maßnahmen von der Landesregierung oder von Regionalverwaltungen verlangt.

(9) **Artikel 8-Richtlinien usw.**

Artikel 8 behandelt die Richtlinien, Ratschläge und Empfehlungen, die von der Stadt an Unternehmer und Bürger, im Zusammenhang mit ihrer Verpflichtung zur Zusammenarbeit mit den Maßnahmen der Stadt, zu erteilen sind.

Er gibt der Verwaltung die Rechtfertigung Richtlinien zur Förderung konkreter Umweltmaßnahmen zu erlassen.

Der erste Absatz bezieht sich auf das Hinarbeiten auf das Ziel mit freiwilliger Zustimmung und Mitarbeit der Bürger. Wenn im Rahmen der Anwendung von Umweltmaßnahmen eine bestimmte Handlung oder Nachsicht eines Bürgers oder eines Unternehmers gewünscht wird, dann soll mit sanften und nicht autoritären Methoden, wie Richtlinien, Ratschlägen und Empfehlungen, und nicht mit Zwangsmethoden, wie Auflagen oder Anordnungen, vorgegangen werden.

Diese Vorgehensweise kann als "Richtungsvorgabe durch die Verwaltungsbehörde" bezeichnet werden. Rechtlich gesehen ist diese Richtungsvorgabe nicht bindend. Sie hat jedoch den Vorteil, daß sie von den Bürgern akzeptiert wird. Der Aufforderung zur Zusammenarbeit wird allgemein besser nachgekommen, wenn mit sanften Methoden vorgegangen wird.

Im zweiten Absatz wird auf den Fall eingegangen, daß der Adressat einer Richtungsvorgabe nicht in der gewünschten Weise auf die Empfehlungen reagiert. In diesem Fall hat die Stadt das Recht, diese Tatsache und die erteilte Empfehlung zu veröffentlichen.

Die öffentliche Bekanntgabe wurde für diese Verordnung als Instrument gewählt, da sie als wirkungsvolles Mittel gilt, um die Befolgung der erteilten Empfeflungen und Ratschläge durchzusetzen. Denn schließlich müssen Personen, die dagegen verstoßen, mit ernsthaften gesellschaftlichen Sanktionen rechnen.

Außerdem gibt es keinen Grund, den Inhalt der Empfehlung geheimzuhalten. Die Bestimmung sieht vor, daß der Inhalt der Empfehlung öffentlich bekanntgemacht wird. Damit unterliegen die erteilten Empfehlungen der öffentlichen Kritik. Diese Überwachung durch die öffentliche Meinung soll die Gerechtigkeit erhalten und die Erteilung von schlechten Empfehlungen vermeiden.

(10) Artikel 9-Vemittlung und Schlichtung

Artikel 9 sieht vor, daß die Stadt, im Falle von Streitigkeiten zwischen Unternehmern und Bürgern, eine Vermittlung oder Schlichtung zur Lösung der Unstimmigkeiten anbieten kann.

Das Wort “Vermittlung” bezieht sich hier auf die Anhörung der Vorwürfe beider Seiten und den Versuch, die beiden Seiten zusammenzubringen. Das Wort “Schlichtung” steht für Anstrengungen, Streitigkeiten außergerichtlich durch einen Kompromiß oder Ausgleich zu lösen.

Die Stadt hat keine andere Wahl, als die Baugesellschaften und Gebäudeeigentümer der Stadt auf Anfrage von Bürgern, im Rahmen ihrer Vermittlungs-und Schlichtungsaufgabe, zu freiwilliger Zurückhaltung aufzufordern, um die Verwirklichung von störenden Bauprojekten zu verhindern und eine intakte Umwelt zu erhalten.

Die Stadt sollte maximale Anstrengungen unternehmen, die betroffenen Parteien an ihre soziale Verantwortung zu erinnern, wobei gegenseitige Zugeständnisse, ohne Einschränkung durch Gesetze und Bestimmungen, also vernünftige Lösungen anzustreben sind. Ist die Umwelt einmal zerstört, so kann sie nur sehr schwer wiederhergestellt werden. Deshalb wurde diese Regelung getroffen. Es wird davon ausgegangen, daß die geschickte Umsetzung dieser Bestimmung großen praktischen Nutzen bei der Ergänzung unserer unzureichenden Gesetze für die Erhaltung einer intakten Umwelt haben wird.

(11) Artikel 10-Bildung einer beratenden Kommission

Artikel 10 sieht die Gründung einer Umweltschutzkommission der Stadt Kumamoto als Beratungseinrichtung für den Oberbürgermeister vor. Es ist geplant, daß die Umweltschutzkommission der Stadt Untersuchungen über den Erhalt einer intakten Umwelt durchführt. Sie soll sich zudem mit grundsätzlichen Fragen des Artikel 3 befassen.

Der Ausdruck "auf Antrag des Oberbürgermeisters" bedeutet, daß der Rat seine Aktivitäten aufnimmt, wenn er vom Oberbürgermeister dazu aufgefordert wird. Es sollen Statuten erlassen werden, die Bestimmungen bezüglich der Zusammensetzung der Mitglieder des Rates und Regeln für die Abhaltung der Beratungen enthalten. Es wird davon ausgegangen, daß der Oberbürgermeister dem Umweltrat der Stadt Aufträge zu bestimmten Fragen in der Form "Ich benötige einen Entwurf für…" zukommen läßt.

(12) Artikel 11-Ausführungsbestimmungen

Artikel 11 beauftragt den Oberbürgermeister mit der Klärung offener Fragen und Probleme bei der Durchsetzung dieser Verordnung. Der Oberbürgermeister wird alle notwendigen Schritte unternehmen, um sicherzustellen, daß diese Verordnung ihren Zweck erfüllt.

Der Zusatz zur Verordnung regelt, daß sie mit dem Tag ihrer Veröffentlichung rechtskräftig wird.

IV. Schlußfolgerungen

Abschließend möchte ich einige grundsätzliche Gedanken vorbringen.

(a) Wir können die Förderung einer umweltorientierten Verwaltung gar nicht schnell genug vorantreiben.

Wie ich schon zuvor kurz ausgeführt habe, sollten umweltpolitische Maßnahmen umfassend interpretiert werden. Dabei ist die entsprechende Koordination von Einzelmaßnahmen wichtig.

Aus diesem Grund ist es vordringlich, daß die Stadt einen umfassenden Umwelterhaltungsplan für das ganze Stadtgebiet erstellt und die organisatorischen Strukturen zur Lösung der unterschiedlichsten Umweltprobleme vorgibt.

Ich bin der Meinung, daß die Gründung eines “Büros für Umweltschutz” im Rahmen einer Reorganisation der städtischen Verwaltung einen wichtigen Schritt in die richtige Richtung darstellt.

In diesem Zusammenhang weise ich auf die positive Einstellung der Stadt Kumamoto zur Umweltopolitik hin.

(b) Die einstimmige Annahme dieser Verordnung im Stadtrat und ihr Inkrafttreten stellen eine ermutigende Entwicklung in der Umweltpolitik der Stadt Kumamoto dar. Ich bin zuversichtlich, daß diese Verordnun das “Grundgesetz” der Umweltverwaltung der Stadt Kumamoto werden wird und daß auf der Basis dieser Verordnung wirkungsvolle Maßnahmen, die die Erhaltung und Verbesserung unserer Umwelt fördern, ergriffen werden.

Ich bin zuversichtlich, daß diese Umweltverordnung wirkungsvoll umgesetzt wird.

(Kumamoto Law Review, No. 79, 1994)

28　環境政策と共生の思想

熊本県の環境政策の立案と推進のあり方について検討するよう知事の諮問を受け、環境審議会会長としてこの二年ばかりの間に、「環境基本条例」の立案と、それに基づく「環境基本指針」の策定に携わってまいりました。この間私は、環境公害部の熱心な職員諸氏を相手に意見をたたかわせつつ、ときには深夜にまで及ぶ仕事をすることができたことを、大変愉快に思っています。

環境基本条例（一九九〇年一〇月二日公布）は、「自然と人為との調和」（前文の言葉）をその基本理念とし、快適な環境を県民共有の資産として次の世代へ引き継ぐことをめざすものです。基本指針には、快適な環境の保全と創造に向けての県の取り組みを実効あるものとするための方策が盛り込まれています。この基本条例や基本指針が環境行政の進展に多少なりとも役立てばと期待しているところです。

＊

さて、こんどの仕事を通して、今さらのように環境問題の解決がきわめて困難なものであることを、しみじみ感じさせられました。これまで環境問題に不勉強だった私には、教えられるところが実に多かったと言えます。そこでの議論や討議の過程で、私がいちばん強く感じたのは「共生」ということの大切さでした。これはほとんど自明のことでありますが、人間も生態系の一部として自然の生物と「共に生きる」という認識が必要だということです。

ここに生態系というのは、ある地域に住むすべての生物とそれをとりまく環境が互いに密接な関係を持ち、全体として一つの機能系をつくり上げているという自然認識です。自然は多様であり、均質ではなく、だからこそ安定しているわけで、自然の複雑さこそ、私たちの生存に意味を与えている根源といってもいいのであります。かつて人間は、自然という大きなシステムに入っていて、自然と人間の境界は連続しており、自然を単純化して境界を設けても、仮のものであるということを暗黙のうちに知っていました。しかし、最近、この境界は固定され、非常に単純化された自然観が独り歩きしはじめているような気がします。

危機的状況にある地球環境の中で、人間が今一度生態系の一部であることを認識し、営為を行うことが人類の生き残りの条件となるといっても過言ではないでしょう。大量の生産と消費、また大規模な開発を通じて、地球環境を破壊し、他の生物と共存してきた生態系さえ変質させるような自然収奪は、やがてヒト族の生存さえ危うくするに至るということを、私たちは今こそ深く認識する必要があります。豊かな自然や環境を無視した開発計画は、許しがたい破壊行為だといわねばなりません。生態系の中で万物が共に生きるという精神を持つことが、環境政策の出発点とならなくてはならぬと思います。共生というキーワードが緊急に求められているといっていいでしょう。

＊

農山村を支えて生きる人びとと都市生活者との「共生」も、考えなくてはならぬ大切な問題です。日本は、国土の三分の二が森林であります。しかし世界では、今森は、文明の反対側にあるものだという見方がなされており、あるアフリカ人が、日本の国土森林割合を聞いて、「日本はよほど開けていない国なんでしょうね」といったという話があります。先進国の中で、こんなに森林が豊かなのは、日本だけであります。しかし、日本は、集中豪雨の国で、地形は急峻、しかも火山国で、岩石は脆いため、洪水や土砂災害が起こりやすく、森林によって、山の斜面に土砂を繋げておかねばなりません。農地や畑地もまた、重要な役割を果たしています。日本のすばらしい森林、営々と築かれた農地の維持と保全は、農山村を支える人びとの懸命な努力に負うところが大きく、それらが多くの緑や生物と清浄な空気や水を確保していることを、ゆめ忘れてはいけないと思います。私たちが環境のもたらす恵みを享受できるのは、農山村の人びとのおかげであります。しかし今、農山村では、担い手がいなくなり間伐は行き届かず、植樹への意欲減退が生じ、また農地の耕作放棄が多くなっています。

他方、都市には物の豊かさと、人間の限りない欲望を次々に満足させるものがあって、人間は、山を棄て都市に集まる傾きが見られます。過去の文明の衰退の歴史の原因は、まさにそこにあったわけでして、守るべきものを棄て、豊かさだけを求めれば、大きな代償を将来支払わなくてはならなくなるにちがいありません。環境政策は、やはり、各地域毎に豊かな自然を保全する計画が重視されなくてはなりません。自然と人間の共生が大切です。したがって、農山村を守る人びとの生活をも考慮したうえで、各地方の文化と定住を図るコミュニティ構想が必要です。都市と農山村との「共生」、つまり機能的一体化によって心ゆたかな生活環境を築き上げなければならないと思います。

＊

環境と経済の「共生」ということも、忘れてはならないことの一つだと思います。

大気・水・海洋といった自然環境などは、経済学的には、社会的共通資本として、経済活動がそれに与える影響は、分析の外におかれていましたが、今それに取り組む研究がなされはじめました。先般経団連は、「地球環境憲章」を明らかにしましたが、それは環境問題への取り組みなしには、企業の存在も活動もあり得ないとの認識に立ったもので、持続可能な新たな経済システムの構築をしていくと言明しております。こういう新たな経済分野での動きが出てきておりますが、実行段階においては、さまざまな利害の対立する問題があり、国内的・国際的に幅広くそれらの動きに対するコンセンサスを確立することが必要です。また社会的影響の大きい企業経営者には、自己責任の原則や企業本来の使命について、原理・原則にたった強いリーダーシップを求めたいところです。ただ現実的な問題として、例えば、消費者が、直接に自らの生活に関わりのなさそうに見える環境よりも、経済的な利益や利便性のほうが大切だと考え、環境に配慮されてはいるが高い商品と、環境には悪いが安い商品の、どちらを選ぶかということは、企業の努力や良心とは別の次元できまるということがあるでしょう。しかし企業経営者はどこまでも、短見的な利益追及だけに向うことがないよう注意してほしいと思います。また消費者がもっと環境の汚染や破壊に敏感にならなければならぬことは、いうまでもありません。

地球温暖化の進行の中で、国土が低地にあるオランダは、国の存亡をかけて環境問題に積極的な取り組みを行なっております。特に二酸化炭素の排出を基準として、新しく環境税を導入しましたが、その影響を受けて、すでに国内製品の価格競争が弱まっていると聞いております。国際的コンセンサスが必要な問題であります。

環境と経済の共生をめざすということはむずかしいことではありますが、エコノミーとエコロジーの共生を図るエコ産業革命がなければ、人間が人間らしい幸せな生活を営むことはできませんし、人類生存の基盤さえも危うくなる、といっても過言ではないでしょう。環境倫理的な取り組みが始まりつつある点を評価したいと思います。

＊

ヒューマンな環境政策の形成のためには、途上国と先進国との「共生」ということも、大事な国際的な要請であるといっていいでしょう。

今年（一九九二年）六月、ブラジルにおいて、「環境と開発に関する国連会議」が開催されます。一九七二年、環境問題が国際的課題となり、国連は、ストックホルムで「国連人間環境会議」を開催しました。そこでは、人間環境の保全と向上に関し、世界の人びとを励まし、導くための共通の見解と原則が「環境宣言」として高らかにうたわれました。しかしその後も環境は悪化し、地球は危機的状況になっており、今日では世界的規模での環境保全に、全人類の行動が求められています。今回のブラジルでは、さまざまな重要な議題が討議される予定ですが、特に地球温暖化については、全地球的な対策の枠組みをつくる必要性があることについては、どの国も認めておりますものの、条約交渉の過程では、途上国と先進国の間に厳しい対立が生ずることは、避けられないでしょう。途上国としては、これから先進国の豊かさを自分たちも享受するために経済的発展を図ろうとしているわけで、地球温暖化は先進国の責任において生じた問題として、先進国が率先して解決すべき課題であるとしております。どのようにして「共に生きる」か、むずかしい問題でありますが、ここで大切なのは、環境問題は人権問題そのものであり、われらみな地球人という発想が必要でありましょう。

環境問題の解決は、かような共生の思想を国民一人びとりが身につけるようになるか、ならないかで決定されるのではないかと思います。


（熊本県職員研修誌アクティブ一三巻、一九九二年四月）

29 環境教育の展開

――熊本県環境教育基本指針の答申にあたって――

――環境教育が目指すものは。

環境問題については規制や監視をどれほど強化しても根本的な解決にはならない。環境の保全や創造を自分の問題としてとらえ、環境に配慮した責任ある行動のとれる人づくりが求められている。それを促すのが環境教育の狙い。指針では県環境基本条例の精神にのっとり環境教育の目標や、進め方をまとめた。

――今回の指針で特徴的なことは。

学校教育だけでなく、家庭、地域、企業とそれぞれの場で、環境配慮の観点を取り入れた教育を進めていくことが緊要だというのが、答申の柱である。家庭教育、社会教育、学校教育が連携し、生涯学習の考え方で進めていくことが大切だ。

――学校教育の中での環境教育についての考え方、取り組み方は。

生涯学習者を育てるのが学校教育の役割で、その責任は重い。学校現場ではこれまでも公害教育、自然教育などとして教えられてはきた。しかしそれは断片的で、公害教育についても一部の教師の取り組みに任せられていた。答申では、環境についてすべての教科で取り上げ、体系的な学習を推進すべきこととしている。

――地元で起きた水俣病についての位置づけは。

答申の前書きにも書いたが、われわれは水俣病という世界に例のない悲惨な体験を持った。水俣に学び、環境破壊の恐ろしさを深く認識したうえで、環境保全に積極的に取り組む態度や行動力を養い、これを県民共有の資産にすべきだと考えている。

――水俣病を扱うことを躊躇する教育関係者もいるようだが。

学習指導要領との関係についても論議した。水俣病についての授業計画をたてることは指導要領の範囲内で可能だと考える。地域にあった教育を展開することは環境教育を進めるうえでも重要。教師の自主性が発揮できる体制を整えるべきだ。水俣市に建設中の県環境センターや水俣病資料館を大いに活用すべきだ。

——現在の教育は知識の量に重きが置かれているとの指摘が多いが。

確かにそうだ。それでは社会に生かされない。自然・社会・人文の各分野で学んだことを総合的に自分の中で組み立て、行動につなげていかなければならない。環境教育においては、具体的に自然を守り、環境問題に対処する行動力をはぐくむことが重要。教師が一方的に知識を伝達するだけではなく、子どもの好奇心をくすぐり、環境倫理的な行動力に結びつくような指導が大切だ。

——指針が生かされると思うか。

折角の指針が無にならぬよう、何としても生かしてもらいたい。審議会では当初予想していた以上に活発な論議があった。答申した指針は、かなり踏み込んだ内容を出せたと思う。環境教育を子どもたちだけに求めるのではなく、大人もそれぞれの立場で、子どもたちと共に学んでほしい。二一世紀はまさに環境の世紀だ。

（熊本日日新聞　一九九二年一一月二九日〈教育〉）

30　信頼される市政を
――熊本市政治倫理条例の誕生――

去る〔一九九〇年〕三月二六日、熊本市議会は政治倫理条例を全会一致で可決した。それは、今月中には、公布・施行される。熊本市はここに、今までに経験したことのない新しい条例をもつことになったわけである。この条例は、議員や市長にとってだけでなく、市民全体にとっても、きわめて大きな意味を有する。

そこでこの機会に、条例草案の起草にあたった一人として、この条例の大要と根本の考え方を述べておきたいとおもう。この条例は、何より、市政における倫理の確立をその指導原理とする。ほかの言葉でいえば、議員および市長が市民全体の代表者として、良心に従い誠実にその使命の達成に努めることを要請することが、その根本の狙いである。

守るべき四項目

その狙いを実現するために、この条例は、何を定めているか。主として、次の三点をあげることができる。

その第一点は、議員および市長が特に遵守すべき政治倫理基準を定めたことである。とりわけ重要なのは、①市が行う許認可、請負契約などで特定の企業や団体に有利な取り計らいをしないこと②企業や団体などから政治的、道義的批判を受ける恐れがある寄付などを受けないこと③その地位を利用しいかなる金品も授受しないこと④職務に関し不正の疑惑をもたれる恐れのある行為をしないこと—など遵守すべき四項目の倫理基準が明文で規定されたことである。この倫理基準によって地位利用による私的利益の防止を図り、職務の公正と廉潔を害するような行為を禁じようとしたのである。

第二点は、政治倫理基準の実効性を確保するためには、政治倫理基準の違反を審査することが必要だと考えられた。違反の審査をどこで行うかは大問題だが、この条例では、これを「社会的信望があり、地方行政に関して識見の高い者」で組織する政治倫理審査会にゆだねることにおちついた。そして、市民には調査請求権をみとめることとし、調査の請求を受けたときは、必ず審査会に調査を付託しなければならぬものとした。政治倫理基準の違反の有無が、ここで厳重に審査される。

また審査会は、その調査を有効に行うための手段として、事情聴取、資料の提出、審査会への出席および資産報告書の提出などを要求することができることになった。審査会の調査結果は、住民の知る権利に応えてこれを公表しなければならない。審査会はさらにすすんで、適正な審査に基づいて辞職勧告など必要とみとめられる措置をとることができるものとされている。審査会はこうして政治倫理についてのオンブズマン的機能を果たすことになるといってもよかろう。

汚職議員に措置

第三点は、収賄罪などによって有罪の判決を受けた汚職議員に対する措置が定められたことである。汚職議員がみずから政治責任をとらず、なおその職にとどまろうとする場合、その責任追及の方策として、この条例は、二つの措置をとるべきものとしている。一つは、一審有罪で辞職しない議員については説明会で釈明を求める規定が設けられている。いま一つは、有罪確定後の居座り議員については議会の懲罰権を発動し、必要な措置をとることにしている。ここで、収賄罪などが議員の地位にかかわる重大な行為として、政治的責任の対象となるものであることを明らかにしたことは、汚職事件の対応に大きい影響を与えることはいうまでもあるまい。

以上が、この条例の大要であるが、その規定が忠実に守られるとすれば、市政における倫理の確立に役立つところは、少なくあるまい。この条例を機縁として、市政がどこまでも、市民の信頼の基礎の上に築かれ、ますます発展していくことを期待してやまない。

（熊本日日新聞　一九九〇年四月一七日）

31 熊本市政治倫理条例

条例の概要

熊本市政治倫理条例は、本文一四条、附則一条から成る簡潔な条例である。本条例は、何より、市政に倫理を確立するということを目的として制定されている。

この目的を実現するために、本条例は、まず議員および市長の在るべき姿を示すとともに、議員および市長が特に遵守すべき政治倫理基準を四項目にわたって定め、これを破ることは許さない旨を規定している。

かように、議員および市長は、政治倫理基準を遵守すべき義務を負うが、倫理基準の実効性を確保するためには、その違反について審査することが必要である。本条例は、政治倫理審査会にその審査を委ねるとともに、市民にたいし調査請求権を認めたものである。

このようにして、本条例は、議員および市長の遵守すべき倫理基準をはっきりと定め、市民の請求にもとづいて、その違反の存否を政治倫理審査会が審査する道を開いたという点で、資産の公開と汚職議員への懲罰を主軸とする旧来型の条例にくらべて著しい特色をもつといってよい。

審査会は、その調査審議を有効におこなうため、事情聴取、資料の提出および審査会への出席ならびに資産報告書の提出を要求することができる。審査会の要求があるにかかわらず資産報告書の提出をせず、もしくは虚偽の報告をしたとき、または調査に協力しなかったときは、その旨を市民に公表することにしている。調査審議の結果も公表することとし、さらに、辞職勧告など必要と認められる措置をとることができるものとしている。

また、議員や市長が収賄罪等により有罪の宣告を受けたにもかかわらず、なお引き続きその職にとどまろうとするとき、その政治責任を問うための問責制度が定められている。その点は従来の条例と大きく異なるところはない。

制定の理由・背景

リクルート事件を契機に一般市民のあいだに政治にたいする不信がひろがり、政治浄化を求める世論が高まり、政治倫理の確立は市民の重大関心事のひとつとなった。熊本市議会では、一九八九年の六月議会で、議員発議をもって政治倫理条例を制定しようという動きが強まり、政治倫理条例制定に関する調査特別委員会が設置された。

同委員会では論議を進めていく上で、たたき台としての草案が必要であるとして、各会派から素案の提出を求め、それを論議の対象とすることとしたのである。各会派はそれぞれ独自の素案を練り、自民、民社からは要綱案が、公明、社会、共産からは条例案が提出された。そのため〝条例か要綱か〟で意見が合わずもめたのであったが、各会派間で折衝がおこなわれ、その結果、政治倫理の確立は現下の急務であり、各会派の素案をとりまとめて条文を整理するには専門家の力をかりなければならない面もあるところから、条例の制定を前提とし、条例になじまぬ事項については要綱で対応する、ということで妥協が成立した。そして、自民からも条例の素案が出された。そこで熊本市で制定せらるべき政治倫理条例は、どのようなものとすべきであるか、が検討されなくてはならぬことになった。

一九八九年一二月にいたり、同委員会はその決議をもって、各会派から出された条例案をとりまとめて共同草案をつくるための起草委員を学者または実務家に委嘱することにし、議会で私のほかに、県弁護士会の二名の弁護士が選任された。（以上はもっぱら『熊本市議会会議録』一九九〇年第一回定例会四五四頁以下によって跡づけた。）

私たち起草委員はこれに応じて、各会派の素案を整理検討してその異同を考察すると同時に、他方において内外の立法例を大いに参照した。その結果、この課題に応えるためには、なんとしても政治倫理が実際において確立されるような制度にしなくてはならぬという方針でのぞむことにした。もうすこし具体的にいえば、一般市民が市民としての資格において、当然に市政を監視し、コントロールする権利と責任をもつことのできるような制度でなくてはならぬと考え、新しい着想をもって立案を試みることとした。一九九〇年の三月議会には提案することができるようにというので、与えられた時間的余裕はすくなく、きびしい対応を余儀なくされた。起草委員の作成した草案は、二月二三日、市議会議長に提出されたのであった。

かくして、でき上がった案は、熊本市政治倫理条例案の名の下に、委員会提案として、議会に上程された。それは、三月二六日、全会一致をもって原案どおり可決され、四月一八日公布せられ、県庁所在地の市としては初の政治倫理条例として、即日施行されることになった。

解　説

本条例の概要については、前に述べたから、ここでは、なお、見のがしてはならない、制度の基本的構造とその主意について略述しようと思う。

一　倫理基準

いうまでもなく本条例の中心課題は、政治倫理の向上とその確立である。倫理基準は、議員および市長が、その地位を利用して私的利益の追求を図り、職務の公正と廉潔を害し、疑惑を招くようなことのないようにしようとの意図から設けられたものであって、明朗な市政を現実に確保することをねらったものである。第三条は、①市がおこなう許可、認可または請負その他の契約に関し、特定の企業、団体等のために有利な取り計らいをしないこと、②政治活動に関し、企業、団体等から政治的または道義的批判を受けるおそれのある寄附等を受けないものとし、その後援団体についても同様に措置すること、③つねに市民全体の利益のみをその指針として行動するものとし、その地位を利用していかなる金品も授受しないこと、④市民全体の代表者としてその品位と名誉を害するような一切の行為を慎み、その職務に関し不正の疑惑をもたれるおそれのある行為をしないこと、と規定している。

これは、ことわるまでもなく、政治倫理の高い理想を定めたというものではなく、議員や市長が守るべきミニマムの要件である。それを守るだけでは、まだ必ずしも十分ではないが、すくなくとも、それを守らぬかぎり、倫理的ということはできないのであって、このような行為は今後認めないという意味を含んでいる。それによって、ここにモラル・レスポンシィビリティ（道義的責任）追及の対象となる行為の類型が明らかになったといってよい。

二　政治倫理審査会

(1)　ところで、政治倫理基準の実効性を確保するためには、その違反を実際に調査する道が開かれることが必要である。いかなる機関に、どの程度にその権能を認めるかは、むずかしい問題であるが、本条例はそれを執行機関の附属機関である政治倫理審査会に委ねている。審査会の委員は十一人。社会的信望があり、地方行政に関し識見の高い者をもって組織される（四条一〜三項）。

(2)　審査会の審議は、市民の調査請求にもとづいて、開始される。調査請求は、市民が議員または市長に倫理基準違反の疑いがあると認めるときは、これを証する資料を添えて、請求することとされている（六条一項）。「これを証する資料」とは、政治倫理基準に違反する疑いがあることを示す資料のことである。その場合、選挙権を有する者は、本条例にもとづく規則の定めるところにより、その総数の二〇〇分の一以上の者の連署をもって、調査の請求をすることができる（市長規則七条一項）。調査請求があったときは、必ず審査会に調査が付託される（六条三項）。市民の意向を可能なかぎり市政に反映させるには、ここで市民にイニシアティブを与えることが何より必要だと考えられるからである。

(3)　では審査会は、付託された事案の審査をおこなうために、どのような手段を与えられているか。本条例は、その審査を実効的にする手段として、事情聴取をおこない（七条二項）、必要な資料の提出を求め（九条）、審査会への出席をなさしめ（同条）、また官公署や公私の団体などに照会をなし（一〇条）、さらに事案の詳細な解明に必要があるときは資産報告書の提出を要求できる（八条）ものと定めた。

ここで疑惑の当事者にたいしてのみ、その資産報告書の提出義務を負わせることにしている点が、注目される。こういう資産報告のやり方を疑惑解明要求方式ということができる。これは、いうまでもなく一般的資産公開制の形骸化の弊害を除き、事案に即して事実を正確につかまえ、審査の実効性を確保しようという趣旨である。

そうして、資産報告書の提出に応じない者や虚偽の報告をした者は、その旨を公表されることになっている（一一条）。かくすることによって議員や市長の高潔度が、市民一般の知りうるところとされるわけである。公表にもとづく社会的批判こそは、最も重要な制裁であるといえるだろう。

(4)　審査会の会議は、公開が原則とされている（四条五項）が、審査結果についても、市民の知る権利に応えて、その要旨を公表することが規定されている（七条四項）。また、審査会は、その審査の結果にもとづいて辞職勧告など必要と認める措置を勧告することができる（同一項）。勧告は文書によるものとし、その理由を付さなくてはならない（同三項）。ここにいう「勧告」は、審査事案に関し倫理的責任を問う意味をもつ意見を表明することをいう。法的拘束力はないが、政治倫理の上からは、そのままほおかぶりでとおすことは実際にむずかしくなるであろう。本条例は、審査会にたいして、政治倫理についてのオンブズマン的役割をつとめることを期待しているといっていいだろう。

三　収賄議員・市長への措置

本条例はいうまでもなく汚職発生の防止を主眼とするが、収賄罪等（刑法一九七条〜一九七条の四）によって有罪の宣告を受けた汚職議員・市長にたいする措置についても、いままでの条例と同じように、相当の注意がはらわれている。①そのひとつは、一審有罪で辞職しない議員・市長については必ず説明会を開いて、釈明を求めることとされている（一二条一項）。そこでは市民に質問権を認め、市民が自由に、議員や市長の政治責任について意見を述べることが保障されている（同二項）。②いまひとつは、有罪が確定したにもかかわらず失職しなかった議員・市長については、信頼回復に必要な措置をとることが要請されていることも注意されていい（一三条一項）。③また議会は、収賄議員に議会の名誉と品位を損なう重大な行為があると認めるときは、地方自治法一三四条および一三五条の規定にもとづき懲罰を科することができることにしたこと（同二項）が、注目される。その趣旨は、収賄罪のように議員の職権を悪用した犯罪を議員の地位にかかわる重大な行為とみなして、懲罰の対象にしようとするにある。したがって、議会は、みずから責任をとろうとしない議員にたいし最も適切な懲罰をもってのぞむことが、何にもまさって必要であるといえよう。

四　結　語

以上が、本条例に定められた政治倫理制度の大要である。この制度が果たしてうまく運用されるかどうか、その成行きを見守りたいところであるが、その規定が忠実に守られるとすれば、その目的は、相当に達せられるであろう。とりわけ、政治倫理基準を定め、その違反の存否を倫理審査会で審査するという方式は、かつてその例を見ない試みであるといっていい。倫理審査会の適正な運用によってポピュラー・コントロールの機能が十分に果たされるならば、市政の浄化に役立つところはきわめて大きいものがあろう。

私のわずかながら知りうるところによれば、このごろ、本条例と類似の条例や、ほとんどそっくりそのままその文言を借用したような条例が、いくつかの市で誕生している。これは大いに注目に値する事実である。

けれども、政治倫理の問題は、おそらく、こうした立法だけによっては、解決しえないものであることは、あまりに明らかである。市政はどこまでも、市民の信頼と議員や市長の責任の自覚を基礎として、「市民全体の利益」のためにおこなわれるべきものである。そういう市政の理想像からいうと、かような条例は無縁とせらるべきである。ここで重要なことは、市政への信頼感が失われ、かような条例がしばしば適用されるようなことがあってはならないということである。

〈参考文献〉

阿部泰隆「堺市政治倫理条例の意義と問題点」法時五五巻八号

斎藤文男「山田市政治倫理条例」ジュリスト九二四号
佐野章二「堺市政治倫理条例の一年——公選公務員の資産公開」ジュリスト増刊総合特集『日本の政党』
清水英夫「政治倫理条例——その理想と現実」法セミ増刊『これからの地方自治』
平松　毅「堺市政治倫理条例の意義と論点」法学教室三二号
山本浩三「堺市倫理条例」ジュリスト七八九号

（ジュリスト増刊・新条例百選、一九九二年四月）

《資料》熊本市政治倫理条例

〔一九九〇年四月一八日／熊本市条例第三四号〕

（目的）

第一条　この条例は、市政が市民の厳粛な信託によるものであることを認識し、その負託に応えるため、市議会議員（以下「議員」という。）及び市長の政治倫理に関する規律の基本となる事項を定めることにより、良心に従い誠実かつ公正にその職務を行うべきことを促し、もって清浄で民主的な市政の発展に寄与することを目的とする。

（議員及び市長の責務）

第二条　議員及び市長は、市民全体の代表者として、市政に携わる権能と責務を深く自覚し、地方自治の本旨に従って、その使命の達成に努めなければならない。

（政治倫理基準）

第三条　議員及び市長は、次に掲げる政治倫理基準を遵守しなければならない。
一　市が行う許可、認可又は請負その他の契約に関し、特定の企業、団体等のために有利な取り計らいをしないこと。
二　政治活動に関し、企業、団体等から、政治的又は道義的批判を受けるおそれのある寄附等を受けないものとし、その後援団体についても同様に措置すること。
三　つねに市民全体の利益のみをその指針として行動するものとし、その地位を利用していかなる金品も授受しないこと。
四　市民全体の代表者としてその品位と名誉を害するような一切の行為を慎み、その職務に関し不正の疑惑をもたれるおそれのある行為をしないこと。

（政治倫理審査会の設置）
第四条　政治倫理に関する重要な事項を調査審議するため、市長の附属機関として、熊本市政治倫理審査会（以下「審査会」という。）を置く。
2　審査会は、委員十一人をもって組織する。
3　審査会の委員には、社会的信望があり、地方行政に関し識見の高い者のうちから、市長が委嘱する。
4　審査会の委員の任期は、二年とし、再任されることを妨げない。ただし、補欠の委員の任期は、前任者の残任期間とする。
5　審査会の会議は、公開するものとする。ただし、やむを得ず非公開とするときは、委員の定数の三分の二以上の同意を要する。

（守秘義務等）

第五条　審査会の委員は、職務上知り得た秘密を他に漏らしてはならない。その者が委員でなくなった後も、同様とする。

2　審査会の委員は、その職務を政治目的のために利用してはならない。

3　審査会の委員は、公平かつ適切にその職務を遂行しなければならない。

（市民の調査請求権）

第六条　市民は、議員又は市長が第三条に規定する政治倫理基準に違反する疑いがあると認められるときは、規則で定めるところにより、これを証する資料を添えて、議員に係るものについては議長に、市長に係るものについては市長に、調査を請求することができる。

2　議長は、前項に規定により議員に対する調査の請求を受けたときは、その書面の写しを市長に送付するものとする。

3　市長は、前項の規定により送付を受けたとき又は第一項の規定により自らに対する請求を受けたときは、直ちに審査会に審査を付託しなければならない。

（倫理基準違反の審査）

第七条　審査会は、前条第三項の規定による審査を付託されたときは、当該事案の適否又は存否の審査を行い、必要と認める措置を勧告することができる。

2　審査会は、前項の審査を行うため、事情聴取等必要な調査を行うことができる。

3　第一項の規定による勧告は、文書をもって行い、かつ、理由を付さなければならない。

4　審査会は、第一項の規定による審査を終えたときは、審査結果の要旨を公表しなければならない。

（資産報告書の提出）

第八条　審査会は、事案の解明のため必要があるときは、規則で定めるところにより、資産報告書の提出を求めることができる。

（議員又は市長の協力義務）

第九条　議員又は市長は、審査会の要求があるときは、審査に必要な資料を提出し、又は会議に出席して意見を述べなければならない。

（照会）

第一〇条　審査会は、必要があると認めるときは、公務所又は公私の団体に照会して事案の実態を明らかにするものとする。

（虚偽報告等の公表）

第一一条　審査会は、議員又は市長が第八条による資産報告書の提出をせず、若しくは虚偽の報告をしたとき、又は調査に協力しなかったときは、その旨を公表するものとする。

（収賄罪等宣告後における釈明）

第一二条　議員又は市長が、刑法（明治四十年法律第四十五号）第百九十七条から第百九十七条の四までに定める罪により有罪の宣告を受け、なお引き続きその職にとどまろうとするときには、議員については議会が、市長については市長が、市民に対する説明会を開かなければならない。この場合において、当該議員又は市長は、説明会に出席し釈明することができる。

2　前項の説明会において、市民は、当該議員又は市長に質問することができる。

3　第一項に定める説明会の開催の手続その他その運営に関し必要な事項は、議会及び市長においてこれを定めるものとする。

（収賄罪等確定後の措置）

第一三条　議員又は市長が前条の有罪の宣告を受け、その刑が確定したときは、公職選挙法（昭和二十五年法律第百号）第十一条第一項の規定により失職する場合を除き、議会または市長は、その名誉と品位を守り市民の信頼を回復するため、必要な措置を講ずるものとする。

2　議会は、前項の当該議員に議会の名誉と品位を損なう重大な行為があると認めるときは、地方自治法（昭和二十二年法律第六十七号）第百三十四条及び第百三十五条の規定に基づき懲罰を科することができる。

（委任）

第一四条　この条例に定めるもののほか、この条例の施行について必要な事項は、議会又は市長が定める。

附　則

この条例は、公布の日から施行する。

32　特殊勤務手当の支給と市長の裁量権

──熊本市「昼窓手当」事件控訴審における私の鑑定意見──

本稿は、福岡高裁平成四年(行コ)第一五号公金支出違法確認等請求控訴事件において、私に求められた鑑定意見の内容を公表しようとするものである。鑑定書の内容を掲げる前に、事件の概要と判決の要旨を、参考のためにここに書きとめておきたいとおもう。

熊本市では、昼休みに市民課などの窓口業務に従事する職員に対し、特殊勤務手当として「昼窓手当」が支給されてきた。これは、一九八一年(昭和五六年)に市庁舎が新築竣工したのを機に昼休みの窓口開設が議会で論議され、その結果、市民の要望に応えて、昼休みに窓口業務を開始するのに伴い一九八二年(昭和五七年)九月に当時の市長が支給を決めたものである。そして、その手当は、一九八六年(昭和六一年)に市長に就任した現市長のもとでも支給されていた。

熊本市職員特殊勤務手当支給条例によると、特殊勤務手当の支給対象となる勤務の内容については、その第二条別表に具体的に明定されているが、また、別に第六条は、「それ以外の勤務で特別の考慮を必要とするものに対して、市長が臨時に手当を支給することができる」と定め、「その場合の手当の額は、そのつど市長が別に定める」と規定している。昼窓手当は、条例第六条のこの規定を根拠として、支給されていたものである。

かような状態のもとにおいて、一九九〇年（平成二年）六月二二日、熊本市の一住民から、右手当の支給は法律、条例に基づかない違法な公金の支出に当たるとして、地方自治法二四二条の二第一項四号の規定に基づき、熊本市長を相手どり、一九八九年（平成元年）度分の同手当一、〇二九万円余の賠償を求める訴えが提起された。これがいわゆる「昼窓手当」事件である。この事件が大きなきっかけとなって、昼窓手当は、一九九一年（平成三年）二月に廃止され、現在では支給されていない。

第一審熊本地裁は、条例第六条の規定につき、「『臨時に』という限定文言はあるものの、勤務の内容は不明確で基本的事項は市長に委任していることから、給与条例主義に抵触する疑いがあり、その『臨時に』という文言および裁量の範囲を厳格に考えるべき必要がある」と指摘し、そのうえで、「本件においては、膨大な経費を長期にわたって支出している。このような大規模で継続的な手当の支給は、本来条例六条の予定するところではないというべきであり、少なくとも手当の支給は運用上給与条例主義に違反するというほかなく、本件支出は違法である」と判示し、市長に手当全額を市に支払うよう命じた（行政事件裁判例集四三巻三号四八一頁以下）。

市長はそれに反対し控訴した。そこで、第一審判決に対して、控訴審判決がどのような見解を示すかが、注目されていた。

第二審福岡高裁は、一九九三年（平成五年）二月二三日、第一審判決の見解を排斥して、まず「条例六条は『臨時に』かつ『手当の額をそのつど市長が定める』ことを要件として、その支給を市長の合理的な裁量に委ねたものと解することができる。したがって、条例六条に基づく特殊勤務手当の支給であっても、その要件を充足する限り、適法な支給と解するのが相当である」として、条例六条の有効性を認めた。そのうえで、手当の支給に至る経緯や窓口業務に手当を支給している自治体が相当数あったことなどに触れ、「昼窓業務が実施されていない当時の状況では、同業務に特殊性があるとした当時の市長の判断ひいてはこれを引き継いだ現市長の措置が合理的な裁量の範囲を逸脱したものとは認め難いし、手当の支給期間、その額も毎年決定されていたことからすると、同手当の支給が『臨時に』かつ『そのつど』決定されたものというべきである」と判示し、「右手当を条例二条によらず、六条に基づいて支給してきたのは、右手当については将来の見直しもありうることから、当面の措置としておこなわれたものといえるし、手当の支給の是非についても、毎年度職員団体との協議のうえ、結果として手当の支給を決定していたものであり、特殊勤務手当の支給自体については議会の議決を経ているのであるから、市長の判断がその裁量権を逸脱したものとはいえない」と結論づけた。(この判決はいまのところ法律雑誌や判例集に載せられていない。その正本の写しは私の手元にある。ここではそれによった。この判決への論評がなされているかどうか、については、この文を書いている現在、私は知らない)。

おもうに、熊本地裁が手当の支給を市長に委任している条例六条の規定を厳しく解釈し、長期間、継続的に支給してきた実態と「臨時に」という規定の文言を重くみたのに対し、福岡高裁は条例六条の委任の趣旨を汲んで手当支給における市長の合理的な裁量権を認め、原審よりも条例の要件を満たす場合を広く解釈し、手当の支給に至る経緯や支給につき議会の議決を経ていることなどの諸事情を勘案し、市長が裁量権の行使を誤ったものとすることはできないとして、手当の支給を適法と判断したものといってよかろう。

この間に、第一審では一九九一年（平成三年）六月に、名古屋大学室井力教授の「地方公務員の特殊勤務手当について」と題される鑑定書が法廷に出され、第二審では「特殊勤務手当の支給における市長の裁量権について」という題のもとに私の鑑定書が一九九二年（平成四年）一一月二三日付をもって福岡高裁に出された。以下は、その際の私の鑑定内容の全文である。いうまでもなくこの文書は、もともと公表することを考えて執筆したものではなく、またその意見は特に目新しいものではない。それは率直にいって、まさしく実践的意味における条例の法律論理的説明といって差しつかえあるまい。

一　序　説

本鑑定は、熊本市職員特殊勤務手当支給条例第六条一項に基づいて市長がおこなった「昼窓手当」の支給が、給与条例主義の原則に違反するかどうか、またその行為は同条同項の解釈運用を誤った違法な行為といえるかどうか、を究明しようとするものである。

ところで、地方公務員の給与に関しては、一般に、地方公務員法（昭和二五年法律第二六一号）第二四条六項および第二五条の規定によって、条例に基づく支給を要するとされている。また、地方自治法（昭和二二年法律第六七号）第二〇四条においても、給与および手当の額とその支給方法は条例でこれを定めなければならないものとされている。これが、いわゆる給与条例主義の法制上の根拠とされるが、この原則には、二つの意味がある。第一は、公務員の給与の支出が税収入による公財政からのものであることから、これを住民の代表機関としての議会の民主的なコントロールのもとにおこう、という意味である。給与条例を議会で審議するプロセスを通じて、住民の監視のもとにおくことを狙ったのである。第二に、公務員の勤労基本権が一定の制限を受けていることに対する代替措置の一つとして、条例によって給与その他の勤務条件を保障することを意味する。だから、地方公共団体においては、この給与条例主義の原則に則って、給与および手当について条例を定め、その定めるところに従って支給しているのである。しかし、それは給与の細目をつねに絶対に条例で定めるべきことを意味しない。給与条例主義にあっても、条例によって給与の額その他一定の事項の具体的決定を執行機関に委ねることも許されると解される。

そこで、本件昼窓手当についてみるに、熊本市一般職の職員の給与に関する条例第一六条に基づいて熊本市職員特殊勤務手当支給条例が制定され、この条例（以下「特勤条例」という。）では、二条において「手当の種類、手当を受ける者の範囲及び手当の額は、別表のとおりとする」と定め、当該別表にそれぞれその手当を列挙している。また、六条一項は、「この条例に定めるもの以外の勤務で特別の考慮を必要とするものに対しては、市長は、臨時に手当を支給することができる」と定め、二条のほかにも特殊勤務手当の支給が可能であることを認めている。問題となっている昼窓手当は、この特勤条例六条一項に基づいて支給されたものである。

ここで、この昼窓手当の支給が給与条例主義に違反し、また、その支給を決定した市長の行為が、同条例の解釈運用を誤った違法な行為といえるかどうか、について検討を加えることとしたい。

二　特勤条例第六条の趣意

先に述べたように、特殊勤務手当を支給する場合の根拠条文としては、二条と六条とがあり、問題となっている六条について、その趣意と存在意義を明確にすることがここでまず必要となる。なぜなら、昼窓手当支給の根拠を六条に置いている以上、それが根拠たりうるものでなければならないからである。

特勤条例六条一項は、「この条例に定めるもの以外の勤務で特別の考慮を必要とするものに対しては、市長は、臨時に手当を支給することができる」と規定している。ここにいう「この条例に定めるもの以外の勤務」とは、二条別表以外の勤務を指すことはむろんいうまでもない。したがって、本条は、別表以外にも特殊勤務の形態が生じることを予定していることは明白であり、その勤務形態が「特別の考慮を必要とする」ものであるときは、特殊勤務手当を支給することができる旨を定めたものといっていい。すなわち、特勤条例六条は、市長が特別の考慮を必要とすべきであると思慮するときは、手当の支給ができるという趣意をもつ。これは、地方公共団体のおこなう事務には、国のそれより広範囲にわたり、しかも、直接住民生活に多大な影響を及ぼす多種多様なものが存在しており、また、それは時代の要請によって不断に変化していく要素を含んでいることから、これらの事務に適切に即応するため、二条以外にも六条によって手当の支給ができるようにするために定められたものと解することができよう。

確かに、給与条例主義は、公務員の給料その他の給与の額、支給要件について条例で規定することを原則としているが、その完全形態を実現することは困難である。条例で執行機関に包括的・白紙的委任をすることはもとより許されないが、すべての給与についてそのあらゆる要件を条例で一義的に規定することは、技術的にも内容的にも不可能であるばかりか、執行機関の具体的判断によって決定できる幅を認め、個別的な事態に適切に対応した弾力的な解決を期待することが、かえって妥当であることも少なくない。この点から、特勤条例第六条は、二条以外に特別な考慮を必要とする勤務があることを予想し、その具体的判断を執行機関たる市長に委ねたところにその意義がある、と考えるべきであろう。本条には立法技術的に多少の欠陥はあるかもしれないが、しかし以上の説明は誤っていないであろう。本条の起草者の意思も、もとよりそうであったと解される。

三　特勤条例第六条の合理的解釈

以上述べたところから、特勤条例六条に基づいて特殊勤務手当を支給することができることは、もはや疑いの余地がなくなった。そこで、もう少し立ち入って、どのような要件を充足している場合に、手当を支給することができるかについて検討する必要があろう。特勤条例六条の文言をみてみると、そこには二つの要件が規定されている。その一つは「特別の考慮を必要とするもの」という要件であり、もう一つは「臨時に」という要件である。この二つの要件の法的な意味について検討を加えよう。

(一)「特別の考慮」の意味

「特別の考慮を必要とするもの」というのは、その意味が必ずしも明確でないが、特勤条例二条列記以外の勤務であってもなお、給与上特別の配慮が必要なとき、の意であろう。したがって、職務の性質・内容・勤務の形態、他の職員の職務との均衡、その他諸般の事情等を斟酌して、「特別の考慮」をすべきことが容認されるならば、それは、特殊勤務手当の支給要件を充足するものと解していいだろう。その要件に該当するかどうかの認定は、市長の自由裁量行為とみるべきではなく、その判断は社会通念に照らし客観的な経験則に従ってなされることを要し、これに反する判断は違法の判断と解すべきものとおもう。

(二)「臨時に」の意味

「臨時に」という要件は、「相当な期間」とか「当分の間」とかといっている場合と同様に、一種の不確定概念規定と考えるべきもので、必ずしもこの規定の文字だけからは、その意味は明瞭ではない。これは、「特別の考慮」によって手当の支給を決定したのち、支給の形態がどうあるべきかを規定した要件だとおもわれる。したがって、こういう本条の規定の仕方からみて、ここに「臨時に」という文言は厳密な意味の期間の限定と解すべきではなく、一種の変則的な状態や過渡的な状態が存続する間における一時的な措置の形態を表す意味と解するのが妥当だとおもわれる。たとえば、法令において特別な措置を講ずるにあたって、当該措置を講ずる時点において直ちに特定の期間を見通すことができない状態にある場合に、その措置が存続する状態を捉えて臨時的な措置とみなすがごときが、その典型であろう。本条の「臨時に」という文言をかように解することに、何の妨げもなかろう。この言葉を、きわめて短い終期の明白な期間を表す限時的な意味とのみ解すべきいわれはない、といっていい。

かくして、特勤条例六条は給与条例主義に反する規定でないことが判明する。したがって、本条例に基づく手当の支給は法的に許容されるということができる。

四　裁量権行使の適法性

昼窓手当が、昼休み窓口業務の本格的な開設に伴い、一九八二年（昭和五七年）に特勤条例第六条に基づいて支給開始されたことは、疑いのない事実であろう。すなわち、当時の市長である前市長は、昼休み時間における窓口業務が特勤条例六条の要件を満たすものと認め、昼窓手当の支給を開始したと考えてよい。そこで、ここでは同条の解釈運用上、市長の裁量権行使に誤りはなかったかどうかを、その要件に即して検討しておきたい。

まず、「特別の考慮」を要する勤務であるかどうかの判断は、先にも述べたように、社会通念に照らし、客観的な経験則に従って合理的になされなければならない。そこで当時の状況であるが、住民代表機関である市議会では昼窓手当を支給すれば窓口開設も可能ではないかとの指摘がなされていることが認められ、また地元の有力新聞も同様の論評をおこなっていることが確認される。すなわち、昼休みの窓口業務は市民サービスのためには手当を支給してでも開始すべきであるという社会的合意が、そこにあったと認められる。これに加えて、昼休み時間帯における業務量の増加、従事職員の休憩の実態および精神的負担等の昼窓勤務の実態等をあわせ考えると、他の職務に比して「特別の考慮」を要すべき事情が存在していた、ということができよう。

以上のごとき昼窓手当の社会的許容性や勤務の性質・実態に照らすと、市長の判断に著しく不合理な点があったと判定することはできない。

次に、手当の支給形態が第六条にいう「臨時に」という要件に適合しているかどうかが問題である。客観的にみて昼窓業務を開始した時点においては、それが恒常的に存続するのか、また、何年かのちには廃止されるのか、いずれも不確定であり、その見通しがつかない状況にあったことは、多く疑いをいれぬ事実であろう。そのことからみれば、この手当は変則的・過渡的措置の意味において、それが「臨時に」支給されるものと解せられていたことは明らかであったといえよう。本条が特別の考慮を必要とする場合の例外を「臨時に」認めた趣旨からいって、ここに「臨時に」というのは、特定の期間の見通しがつかない状況や将来見直しもありうるというような当面の措置を当然含むものと考えられるからである。実際問題としても、手当の支給は今までつねに年度毎におこなわれていたし、その額もそのつど決められたわけであるから、その運用の実態に照らすと、それが臨時的な性格をもつ当面の措置であることは当然のことと解されていた、といってよかろうとおもう。

このように見てくると、特勤条例六条に基づく特殊勤務手当として昼窓手当を支給すべきだと判断した前市長の行為、およびそれを引き継いだ現市長の行為は、条例の解釈運用を著しく逸脱した違法の行為ということはできない。判例も、「判断の前提たるべき事実の認識についてさしたる誤りなく、又その結論にいたる推理の過程において著しく不合理のない限り、裁判所としても、その判断を尊重す」べきであるとしている（参照、昭和三三・九・一〇最高民集一二巻一三号）。

五　結　語

以上のことから、本件昼窓手当の支給は、給与条例主義に反するとみるべきではなく、また特勤条例第六条に反するわけでもない。

右のような私の鑑定意見が、控訴審の判決形成にどのような影響を与えたかは、容易に判定し難いところである、といわねばならない。しかし、そこでの私の基本的な考え方（少なくともその大要）は、すでに見てきたように、この判決のレシオ・デシデンダイのなかに明白に見出されるだろうとおもう。

この事件は、自治体の公務執行として市長が職員のために公金を支出した結果が違法として住民訴訟にかけられたというケースであった。しかもこの場合に、住民訴訟による損害賠償の請求は市長個人に向けられ、市長個人がその懐から自治体に賠償しなければならぬというしくみになっている。ある法学者がいったように、この点は日本の行政法制全体と調和しない感がある。長個人の賠償責任は、住民訴訟制度の趣旨からいって、長に故意や重過失がない限りは問われないものと解するのを適当とするであろう（参照、兼子仁・地方自治法六六頁）。しかしこの事件では、その点は、原告によっても、被告によっても、少しも争われなかった。

ここに述べた私の鑑定意見は、先にも触れたように、特勤条例の意味内容を、もっぱら法律論理的に分析しようとしたものであり、その意味で、どこまでも解釈論的考察に重点をおくものであって、立法論や政策論を披瀝しようとしたものではない。その場合、現存する条例の立法技術的な欠陥をできるだけ補充しつつその意味内容を明らかにし、その解釈を通じて本件事案にふさわしい判断準則を合理的に再構成しようとしたことは、いうまでもなかろう。

この判決を詳細に研究し、その論点をいっそう深く考察することはすこぶる興味深いが、それはまた別の機会にゆずりたい。

（一九九三年九月一日、シュパイヤー行政大学にて校正）

（熊本法学七七号、一九九三年九月）

33　労働委員会雑感

一　はじめに

昭和二一年（一九四六年）三月、わが国初めての労働組合法とともに労働委員会の制度が創設されてから、今年（一九九五年）で四九年になる。創設以来五〇年近くの年輪を重ね、労使関係の問題の処理に重要な機能を営む機関として、今や労働委員会の制度は、わが国労働関係の中に深く根をおろしているといってよい。その歩んできた道は、決して平坦な道ではなかった。しかし労働委員会は、事件の処理を通じて、労使関係の安定化と合理的な進展に大きな役割を果たしてきたものといえよう。

私が公益委員に任命されたのは昭和六三年（一九八八年）七月のことであったから、ちょうど七年間労働委員会の仕事に携わっていることになる。七年という期間は、在任期間が一〇年、二〇年をこえる委員も稀ではない地方労働委員会の現状から見れば、必ずしも長いとはいえないようである。私のように大学で憲法・行政法を専攻し教師として教壇に立ち、机に向かって勉強するのを本務とする者にとっては、実際の実務の現場で労・使の間に生じているトラブルは、いろいろな意味で興味深く考えさせられるものがあり、大いに勉強させてもらっている。

この頃ようやく審査や斡旋の要領もわかり、申立てられた事件の論点を的確につかむことにも慣れてきたといえるだろう。

そこでこの機会に、労働委員会の任務や性格などについて感想のようなものを若干述べてみたいと思う。

二　労働委員会の性格と構成

(一)　ユニークな組織体

労働委員会は、労使関係を固有の対象領域とする紛争処理機関として設置された行政委員会で、公・

労・使のそれぞれ異なる立場を代表する委員による三者構成というユニークな組織体である。不当労働行為の審査・救済と労使紛争の調整という任務をあわせもっている。

このように労働委員会が行政委員会という形態をとったのは、労使関係の問題を単独の行政機関の権限と責任において解決せしめるよりも、むしろ専門的知識・経験をもつ複数の委員を設け、各自にその権限と責任を負わしめつつ、その合議によって処理することが一層望ましいと考えられたからであろう。この三者構成によって、委員会組織の民主性と専門性が確保されているといえる。

(二)　三者構成の独立性をもつ合議制の行政機関

私どもがその職務に任ぜられている地方労働委員会は、審査や調整の機能を果たすにあたって、地方公共団体の長から独立しているという点をまず指摘しておかなくてはなるまい。すなわち、その「権限を独立して行う」（労組法施行令一六条）ことになっているから、知事からの命令を受けるというようなことはない。知事が、公益委員の人選を通じて地方労働委員会の委員の活動内容をコントロールするというような事実も、まったくない。多年労働委員会の実務に従事し、のちに最高裁判事を務められた塚本頼重氏は、「実務上、このような独立性を害するおそれのある事例は従来、絶無である」と論断されている。いずれにせよ、独立性は労働委員会制度の死命を制するほどのきわめて重要な性格であるから、私どもとしては最大限にこれを確保する努力を怠ってはならぬであろう。

労働委員会の実務に携わってみて公・労・使の三者構成は、適切なしくみであると思う。この三者構成によって労働委員会は独特の専門機関としての性格を備えるものといえるであろう。最高裁判決もいっているように、「専門的知識経験を有する労働委員会」とは、まさしく公・労・使の三者構成を指しているのである。労使関係は生きた人間の継続的な関係であり、その間に起るさまざまの問題は、労使を説得しながら納得ずくで公正な解決をすることが要請される。それゆえ、審査機能においても三者構成の特色を活かし、とくに労使の内部事情に詳しい者がその衝にあたることは、重要な意義をもつといってよかろう。またそのことが審査機能の公正さを担保するうえに大きな役割を果たしているものと思われる。

三　不当労働行為制度と労働委員会の任務

(一) 不当労働行為救済制度の意義と目的

不当労働行為とは、いうまでもなく、労使関係における使用者の不公正な行為をいう。憲法二八条は、労働者の団結権、団体交渉権および争議権を保障し、その権利の具体化のために労組法は、労働組合や労働者にたいする使用者の一定の行為を禁止したうえ(七条)、この禁止の違反について労働委員会による特別の救済手続を定めている。労働委員会にとって、この不当労働行為の審査はその最も重要な任務の一つである。

そこで不当労働行為制度の目的をどう見るかであるが、この点については、学説上三つの潮流がある。その一は、不当労働行為制度をもっぱら団結権、団体交渉権の擁護が目的だとみる立場で、不当労働行為を使用者の団結権侵害行為と考えるものである。その二は、そのような側面を認めつつも、団結権の行使を前提とした公正な労使関係の形成が不当労働行為制度の目的であるとする立場で、不当労働行為は公正な労使関係秩序に違反する行為とみなすものである。その三は、不当労働行為制度の目的は労使関係の円滑化、端的にいえば円滑な団体交渉の実現にあるとするものである。

かように不当労働行為制度の目的については、いろいろに解釈することができるのであるが、その三は制度目的を団体交渉に限定する点でやや狭きに失し、その一は労働委員会による行政救済の特殊性を十分評価していない点で不当とされる。私としては、その二の考え方のほうが妥当のように思われる。不当労働行為の諸類型は伝統的な違法行為である不法行為と異なっていること、労働委員会による行政救済は私権の侵害にたいする救済というより労使関係秩序違反にたいする救済と考えられることなどかららいって、そう解するのが、おそらく正当であろうと思う。

(二)　不当労働行為救済制度の特色

労働委員会は、不当労働行為をなされたと主張する労働組合または労働者自身の申立てがなされると、調査および審問を通じてその成否を判断し、迅速に事案に応じた適切な救済命令を発する必要がある。労働委員会には一般の行政機関とちがって、不当労働行為の審理にあたっては、法の規定に照らして法的判断をくだす権限、すなわち準司法的権能が与えられている。準司法的とは、いうまでもなく司法作用すなわち裁判に準ずるという意味である。裁判は一般的抽象的な法規を解釈して、それを具体的事実にあてはめ、具体的な結論を導き出す作用であるが、労働委員会における不当労働行為の審理の場合にも不当労働行為の禁止に関する法規を解釈して、特定の使用者の具体的な行為にあてはめ、救済を与えるか否かの具体的な結論を導き出す作用を果たしているといえる。また、裁判の過程が証拠による事実の認定と法律の適用と結論の決定という順序を辿っていることと対比すれば、労働委員会における不当労働行為救済事件の審査も同じように、証拠による事実の認定、法律の適用、結論の決定という過程を辿っているといってよい。そこで審査の任にあたる公益委員としては、事実認定を明確にすること、不当労働行為を構成する事実とその論理性を明確にすることが必要となろう。

けれども、両者の間にはその機能と目的において大きな相違が存することを忘れてはならないだろう。裁判所による司法救済の場合は、労使間における私法上の権利義務に関する具体的な争いを裁断するのが目的であり、したがって救済も、その範囲にとどまる。これに反し、労働委員会による救済の場合は、使用者の不公正な行為事実を認定し、その事実を早急に排除し、将来における労使関係の安定を実現することにあり、救済命令の内容については事案に応じた救済措置を決定する裁量権が認められている。したがって、救済の内容も救済を受ける行為の範囲も、裁判所による司法救済とは大いに異なるものである。不当労働行為の形態は多様なので、労働委員会は、事案に即した柔軟かつ適切な命令を発することが期待されているといえるだろう。

(三)　紛争解決方法としての和解

ところが、実務上実際には、準司法的な判断にもとづいて命令をくだすだけでは、現実的解決がむずかしい場合もありうる。そのため、労使を説得しながら納得ずくで事件を処理する必要が生ずる場合もでてくる。そのようなことから、命令をだす以前に労使の和解によって解決される事件がかなり多い。

和解は、調査、審問、合議など手続のどの過程でもなされている。

ただ、和解については、人の知るように、労働者の団結権という公権につき和解などありえず、また安易に和解すべきではない、という考え方があるようである。もちろん、法の趣旨を曲げるような和解は許されないところであるが、申立内容の枠に必ずしもとらわれないで、労使関係全体の正常化という観点に立って、筋を通しながら当事者の和解によって問題を解決収拾することは可能であろう。不当労働行為救済制度の基本ルールを踏まえ、三者構成という労働委員会の妙用を活かし、とくに労使委員によって当事者を納得させ、労使関係の正常化のための姿勢を確認しあうことは、重要な意義をもつ賢明な解決策だと私には思われる。

しかし、最近の労働委員会の状況をみると、命令や和解にいたるまでの事件処理日数がかなり長期化し、労働者や労働組合側からもその審査手続の遅滞と救済機能の低下に批判が加えられている。労使双方の納得のいく解決のためには、ある程度の時間が必要とされることは否定しえないとしても、審理遅滞の解消と救済機能の促進を図ることは、今や労働委員会の最大の課題の一つになっているといってよいであろう。

四　労働委員会と労働者委員の役割

労働委員会において、労働者委員の果たす役割はすこぶる大きい。その権限と役割は、第一に、不当労働行為の審理において参与委員として審問に参加し、かつ公益委員会議に先立って意見を述べること、第二に、不当労働行為事件の和解にあたり、和解案の作成はもとより、それにもとづく当事者の説得、和解案の修正、確定など公正妥当な解決を図るために努力すること、第三に、公益委員の任命についての「同意」の可否を検討すること、第四に、斡旋・調停などの調整事件の処理にかかわること、および労働委員会の運営に関して労働者代表の立場から意見を述べることである。

まず、不当労働行為の審理への参与についていえば、不当労働行為を申立てる労働者ないし労働組合は、自主的解決が困難となっているからこそ救済申立に踏みきるのが実情であるが、その場合、労働委員会には労使関係の現実の多面的な様相について熟知している労働者委員が配置され、事件の筋道を最も正しく認定・評価してくれるという期待感があるといってよかろう。私の実際の経験からいっても、審問の場における労働者委員の質問、尋問はまことに的確であり、事件の全体についての洞察が行き届いているように思える。不当労働行為の審査に参与委員として携わる労働者委員の役割は大きく、その役割を果たすべきことが強く要請されているといえる。それだけに、それにふさわしい人を得ることが何より大切なことといわなければならぬであろう。また、その在任年数が使用者委員にくらべて比較的短いのは惜しまれる。できれば、相当長期にわたって労働委員会の任務を担当しうる人材の養成も、必要なことであろう。

つぎに、和解における労働者委員の役割も重要である。今日、不当労働行為事件の六、七割は和解によって解決されているが、和解に際しては労働者委員の協力にまつことが非常に多い。もとより和解は労使の合意がなければ成立しようもないが、労働者委員の努力に負うところがきわめて大きい。和解は、労働者委員と当事者との間に信頼関係がなければ、成立しえないものといえるだろう。

さらに、公益委員の任命の同意について述べよう。労働委員会は公・労・使の三者構成であるが、不当労働行為の審査は公益委員の権限とされている。したがって、労使委員にとっては、公益委員の労使関係、労働問題、不当労働行為についての理解や認識は無視できない重要な条件であるといえる。そのため、公益委員の任命には、労・使委員の「同意」を要するものとされているのである。この同意制によって労働問題に無理解な良識を欠く人物の登場をはばみ、労働委員会にたいする労使の信頼感を維持することができるのではないかと思う。

このほかにも、労働者委員の果たすべき役割は大きい。総会や公益委員会議に（参与委員として）出席し、労働者の権利を守るため積極的に発言するなど多大の貢献が期待されているのである。

五　おわりに

以上において私は、労働委員会の任務や性格などについて、多少の実務上の経験をまじえながら、若干の感想を述べてみた。それは労働委員会制度の法的構造の解説を意図したものではなく、与えられた条件のもとに労働委員会が本来の機能や役割を実際に十分に果たすためにはどうあるべきかを念頭において述べた感想にすぎないものであったことを、お断りしておきたい。

現在の労働委員会制度は、決して万全のものではない。多くの点で改革を必要としていることは、識者によって指摘されている。しかし、一方では、現行制度そのものが本来のあるべき姿において運用されていないことも否定しえない事実といってよかろう。単に制度を改革することによって、事態が一変することは期待できない。制度を活かすのは人であるという俚諺がある。労働委員会に名実ともに労働関係に精通した練達の委員を配し、公・労・使それぞれの委員が相互に協力して三者構成の妙味を発揮するならば、労働委員会は今日もなお重要な意義と役割を果たすことが、十分可能になるであろう。

（月刊労委労協四七一号、一九九五年七月二五日）

34 労働委員会の裁量権に関する所感

労働委員会制度が発足してから、今年で満五〇年になる。まことに慶ばしいかぎりである。この間、調整事件や審査事件の処理を通じて、労働委員会は、わが国経済の興隆・発展と労使関係の安定化・合理的な進展に寄与してきた、といってよいだろう。

ところで、憲法二八条は、労働者の団結権・団体交渉権および争議権を保障し、その権利の具体化のために労組法は、労働組合や労働者にたいする一定の行為を禁止したうえ（七条）、この禁止の違反について労働委員会による特別の救済手続を定めている。労働委員会にとって、この不当労働行為の審査はその最も重要な任務の一つである。

そこで、不当労働行為の審査における労働委員会の機能、とくにその裁量権の意味について最近考えているところを、簡単に述べてみたいと思う。

労働委員会は、不当労働行為があったと主張する労働組合または労働者自身の申立てがなされると、調査および審問を経たうえ、合議により事実を認定し、これに法律を適用して、救済を与えるか否かの結論を出す。この点、司法手続に似ているので、労働委員会は準司法的機能を営むとよくいわれている。そこで不当労働行為の審査にあたる労働委員会としては、事実認定を明確にすること、不当労働行為を構成する事実とその論理性を明確にすることが必要となることはいうまでもなかろう。

しかし、労働委員会による不当労働行為の救済は、行政処分によって行われる行政救済として、使用者の不公正な行為事実を認定し、その事実を早急に排除し、将来に向けた公正な労使関係の確立を目的とするものであり、裁判所による司法救済のように、当事者間の権利関係を確定するものではない。行政救済のおそらく最大の特色は、司法救済に比べてその柔軟性・弾力性にあるといってよかろう。不当労働行為の救済は、さまざまな態様の団結権侵害行為を事案に即して柔軟かつ適正に是正し、労使関係の将来に向けての正常化を図るところにその目的があるといえる。したがって、救済の内容も、救済を受ける行為の範囲も、裁判所による司法救済とは大いに異なるものがあり、両者の間には、その機能と目的において大きな相違が存することを忘れてはならない。

労働委員会が不当労働行為を構成する具体的事実を認定した場合には、救済命令を発することになるが、労働委員会がいかなる命令を発しうるかについては、労組法にも労働委員会規則にも明文の規定が設けられていない。救済命令の内容については、もっぱら労働委員会の判断に委ねる仕組みがとられている。すなわち労働委員会には、当該不当労働行為の事案に応じた最も適切かつ妥当な救済措置を決定する広範な裁量権が認められているといっていい。

さてその労働委員会の裁量権について、最高裁判所は、不当労働行為の成否の判断の前提たるべき事実の認定と法律の適用に関しては労働委員会に裁量権はなく、ただその救済命令の内容についてだけ裁量権があるにとどまる、と説明している。

なるほど、事実認定は客観的な証拠によって認定するのであるから、裁量によって動かされることがあってはならない。また法律の適用は厳正なものであるから、一つの条文の理解の仕方が裁量によってどうにでもなるというものではないであろう。

だが、この点について私は、ここで事実認定というなかには、純粋に客観的な事実の認識の部分と、認識された事実についての評価、つまりその事実によって不当労働行為が成立するか否かの判断の部分が含まれているという点に注意する必要を感ずる。そして不当労働行為の成否の判断の部分については、労働委員会は正常な労使関係の回復・維持という労働委員会としての立場から、将来の労使関係をにらんだ判断を加えることができるのではないかと思う。また法律の適用についても、不当労働行為の専門的な審査機関としての立場から、労働委員会には、労組法七条を行政救済上の特殊労使関係的規範として解釈運用することが許されるものと解するのが正当であろう。この意味において、労働委員会の事実認定には、「実質的証拠の原則」を採用することを認める明文の規定がなくても、その司法審査にはおのずから一定の限界が認められなくてはならぬ。

不当労働行為が成立した場合にどのような救済命令を発するかについては、団交拒否や不利益取扱いなど、問題となった不当労働行為の類型に即して、いくつかの選択肢のうちから、最も適切かつ妥当な是正措置を選ぶという意味での裁量的判断が認められることはあまりに当然である。

こう見てくると、不当労働行為の成否の判断についても、その救済内容についても、労働委員会にこのような裁量権が存することを否定するわけにはいかぬと思う。こういう意味での裁量権が認められてこそ、労働委員会がその本来の機能を適切に発揮しうるのではないかと私は考えている。

（全国労働委員会連絡協議会・労働委員会五十年の歩み　一九九六年）

Ⅳ 恩師追懐

35　田中二郎先生のことども

私には小学時代から今日まで、忘れえぬ恩師が限りなくたくさんいる。その師はいずれも、私にとってはかけがえのない存在であって、私の今日あるは、まったくこれら師のおかげといってよいが、私の胸に最も深い恩師は、今は亡き田中二郎先生のほかに鵜飼信成先生であろう。両先生との《めぐり会い》によって、私はじつに大きな影響を受けた。そこで、思いおこすままに、私と両先生とのかかわり合いを書きつらねることにしたい。すこし私事にわたることを許していただきたいと思う。

私が鵜飼先生とつながりを持つようになったのは、昭和三四年の四月から東京大学社会科学研究所の研究員として研究室に入れてもらって直接憲法の指導をしていただくようになったときからである。

鵜飼先生は当時法学部長の要職におられた田中二郎先生に私を引き合わせて下さり、私は、田中先生の大学院の演習に出席することを許され、ただ遠く仰ぎ見る存在だった先生に親炙できるようになった。演習の参加者は私を含めて六、七名であったと思う。現在東大で行政法の講座を担当している塩野宏さんが、先輩格としていつも演習をリードしていた。また現在教養学部にいる原田尚彦さんも熱心な参加者であった。みんなで担当をきめて行政判例の研究や外国文献の紹介をしたり特定テーマで報告をしたりするわけだが、塩野さんなど、どんなテーマについても毎回とうとうと論じられるのを聞き、大したものだとおそれをなしたものである。畏敬するのみである。

思いおこせば、外国文献の紹介として、まことに不十分ないたらない報告を試みたときのことである。私の報告にあわせて原著のページを繰るかのようにしてじっと聞いておられた先生は、報告がおわるとすぐに「何かに発表するつもりですか」と尋ねられたのである。予想外の質問であったため、ろくに考えもしないで私はつい「何かの雑誌に紹介でも……」と答えてしまった。先生はすこし厳しい表情をされて私に、「竹内君、学問には学問の道があり、その研究にはその研究の構えがなくてはならない。紹介でもという安易な態度では駄目だ」と強い口調で注意を促された。そして「どんな小論文であってもその人の力がわかるものだよ」と後はやんわりと諭された。学問をする者の心構えとして、私はこの教訓をけっして忘れることができない。

その後私は、田中先生のすすめで「ボン基本法のイデオロギー的内容」というヘルムート・ルンプの著書の紹介を、東大社研の『社会科学研究』に発表させてもらった。これはさきの演習で発表した原稿に若干の筆を入れたものであり、私が公の機関に発表した最初の文章というべきものだった。

鵜飼先生は、昭和三六年一〇月国際基督教大学学長に就任されたが、東大を去られるにあたって、私の指導を田中先生にお願いして下さったようである。その時、先生は、「それでは竹内君をあずかろう」と言って下さったという。先生の温情は深く私の胸にしみるものがあった。昭和三七年の一〇月頃、田中先生は私をお呼びになって、法制局で働いてみないか、とおっしゃった。学問の世界に心惹かれていた私は、多くの躊躇の後に意を決し、同年一二月から参議院法制局参事として、立法の実務と外国法令の調査研究にたずさわることになった。思えば東大での三年八ヵ月は、私にとって、学問的に最も刺激の多い時期であった。

法制局における役人生活のはじめの数年は、学徒としてハンディキャップのような気がしたけれども、しかし、その後に至って考えてみると、それは、私にとって無益ではなかった。議会のなかに身を置いて立法の実務にたずさわった経験自体が貴重であったし、上司や同僚との法律案起草についての話し合いは非常に活発で収穫が多かった。それは、法的情操を促進するに少なからず役立ったように思う。また外国法令の調査研究は、後に西ドイツ政党法の研究のきっかけともなった。

田中先生は、昭和三九年一月に、最高裁判所裁判官に就任された。それからは、私は先生を裁判所にお訪ねして立法実務上の問題はもとより、学問上のご助言やご教示を仰ぐことが多くなった。そんな時先生は、法制局にいる間に精緻な法解釈を身につけるように努めなさい、と言われたことがある。先生にお目にかかるといつも充実した気持になったものである。

私は、法制局へ勤めだしてから二年ばかり経った昭和三九年一二月、有倉遼吉教授との共訳でヘルムート・ルンプの『法治国における統治行為』を早稲田大学比較法研究所から出版した。これは翻訳書であって著書ではないが、私のいちばんはじめの本である。もとはといえば鵜飼先生にすすめられて訳したものであるが、その出版は、有倉先生の力強いご支援があって、はじめて可能であったと思われる。

昭和四二年は、西ドイツで政党法が成立した年である。私は五月に「西ドイツ政党法草案」を『時の法令』に、一〇月には「西ドイツ政党法」を『法律時報』に掲載したほか、同じく一〇月に甲南大学で開催された第三二回日本公法学会において「西ドイツ政党法とその若干の問題点」というテーマで報告させてもらった。この報告は、成立したばかりの西ドイツ政党法をわが国にはじめて紹介したものであった。これは翌年、『公法研究』三〇号に掲載された。昭和四三年は五月に「西ドイツ政党法について」を『ジュリスト』に、九月に「西ドイツ政党法草案をめぐる一論争」を『自治研究』に発表している。

田中先生から大学に移って研究をつづけるつもりはないか、というお尋ねがあったのは、たしかこの年の五月頃であったと思う。その頃の私は、正直にいって、法律案の起草という法制局の仕事にも興味を感じだしていたが、法制官僚という狭いワク内にとじこもりたくはないという気持ちをもっていたので、その旨を率直にお話した。先生は私を激励するかのように、「いまの仕事も有意義だが、力量だけの仕事ができる分野といえばやはり学問をすることだ。嫌いではどうしようもないが、君なら十分やれる。君の貴重な経験は今後の研究生活に必ず役立つ」と言って下さった。私は身の引きしまる思いであった。

こうして奉職すること五年一〇ヵ月にわたった法制局を辞し、昭和四三年の九月、熊本大学に講師として赴任し、私は、ここではじめて大学人として自由な学究生活を送ることができるようになった。

かえりみると、熊本大学でいつしか二〇年の歳月を過した。ほんとうに年月の経つのは早いものである。私の力不足で業績は思うようにあがっていないが、本を読みものを書きまた講義をすることを日課として、おもに研究室や教室で暮らすことができたわけで、学徒としてのしあわせを感じている。いま振りかえって思うと、私の人生は田中先生なしにはとうてい考えられないということである。限りない感謝を捧げたく思う。先生の学恩に報いるためには、多少なりともまともな仕事をしてみたいというのが私の心からの願いである。先生から多大の関心と深い理解を示していただいた『政党法の研究』を、いまだ上梓しえないでいることを何よりもお詫びしなくてはならない。

先生が遠い世界に旅立たれてから、すでに七年の歳月が流れ去ったが、追慕の念ますます切なるものがある。


（ジュリスト九三六号、一九八九年六月一五日）

36　G・ライプホルツ教授の生涯と業績

私は一九八五年の自治研究三月号に（六一巻三号二九頁）「偉大な憲法裁判官――G・ライプホルツ教授のこと――」と題する簡単な一文を寄せ、憲法裁判官ライプホルツの事績を解明し、その裁判官像をできるだけ正確に描き出そうとおよばずながら努めたつもりである。そして、その拙文の最後に、そのうち「ライプホルツ教授の生涯と業績」について書いてみたいとおもっていることを記しておいた。そういうかねての私の意図を多少なりとも果たしてみようというのがこの小文の目的である。

あらためていうまでもなく、ライプホルツ教授は、二〇世紀ドイツの生んだ卓越した法学者であり、類まれな法思想家であり、偉大な憲法裁判官の一人であった。その人と思想は、ドイツ語圏の内外にわたって知られ、その活動ぶりの記録はきわめて多いが、最近、ハンス＝ユストゥス・リンクのきわめて興味深い貴重な論稿が公にされた。Hans-Justus Rinck, In memoriam Gerhard Leibholz, in: Jahrbuch des öffentlichen Rechts der Gegenwart, Neue Folge/Band 35, S. 133~142. がそれである。そこでここでは、それを土台にしてライプホルツ教授の生涯と業績の大要を素描してみたいとおもう。

ドイツで教授の指導を受けた私にとっては、この一文は、胸裡に深い追想の意味をもつというべきものかもしれない。しかしまた思想や学問は「人なり」という視点から、ライプホルツ教授の人と業績を知ることは、大きな意味をもつといいうるであろう。

一

一九五一年九月七日、ゲルハルト・ライプホルツが新設された連邦憲法裁判所の判事として招聘されたとき、彼は無名の人ではなかった。彼の名はワイマール共和国においてすでに令名さくさくとして高かった。彼の歩んだ道には、明るい日差しに彩られ、あるいは暗い陰影に閉ざされた道程があった。こうした過去が彼の招聘を容易にし、この職務に特にふさわしい人として迎え入れられたのである。彼は二〇年の長きにわたってその職責を十分に果たし、この間、連邦憲法裁判所の判決に多大な影響を与えたといわれている。

一九〇一年一一月一五日、ライプホルツは一工業家の子息としてベルリンに生まれた。大ブルジョワの自由な雰囲気に包まれた生家は、彼に経済的存立を保障し、その精神的発展にも大きな自由の余地を与えた。彼はいつも感謝のうちにこの事実を回想している。ベルリンのモムゼン・ギムナジウムで大学進学資格をとったのち、ハイデルベルクへ赴き哲学を専攻する。彼が大学で勉学をはじめた当初はちょうど、第一次世界大戦後の革命の混乱期と立憲君主制から民主制という困難な時代への移行の時期にあたった。彼はゲルハルト・アンシュッツやリヒャルト・トーマの大きな影響を受けてデモクラシーの幕開けに強くひかれるものを覚えた。

ライプホルツは、自由主義的デモクラシーの法哲学によって民主制の構造原理に深い意味づけを与えようと試みた。しかし、政治的現実を冷静に観察するとき一種の無差別主義的平等を目指す民主制への潮流はもはやとどめ難いもの、否、むしろ、絶えず拡大する社会的不平等の排除のためにも決して望ましいものではないと見たとき、ライプホルツは、彼を育んできた市民的世界の自由主義的遺産の維持に強く心をひきつけられていったのである。このように最初から、彼自身の関心は、法的に秩序立てられた自由主義的な民主的社会の構造原理へと向けられていたということができよう。

一九二一年――彼が一九歳のとき――提出したリヒャルト・トーマの示唆によって書かれた哲学の学位論文『フィヒテと民主主義思想』(Fichte und der demokratische Gedanke) のなかにすでに、自由と平等の緊張関係を容易に予測せしめるものがある。ライプホルツは、フランス革命に刺激されて開花した――不可譲な――人権思想の萌芽を、フィヒテの初期の著作のなかに見出し、そこからワイマール憲法への発展方向を把握しようと試みたのであった。これが確信できるほどに成功したかどうかについては、のちに彼自身疑念をもち、この作品がとっくに絶版になっているのはよろこばしいことだと述懐している。

ハインリッヒ・トリーペルの助言を受け一九二五年にベルリンで発表された彼の法学博士論文『法律の前の平等』(Die Gleichheit vor dem Gesetz) は、法学の研究上重要な意義を有する論文といえるとおもう。この論文で彼は、ワイマール憲法第一〇九条一項に関して何の吟味もせずに継承された伝統的な学説、すなわち、一般的平等原則の意義は形式的な法適用の平等にいいつくされているという見解を、承服しえぬものとして論破している。彼はそこで次のようにいっている。すなわち、憲法の完全な構造変革の結果、基本権はその意義の高揚を経験した。つまり、平等原則は、どこまでも論理的に矛盾なく考えぬかれた法治国家的民主制においては、単に裁判官や行政だけでなく、立法者をも拘束し、その立法活動の自由にまで限界を画するものである。平等原則は、一方においては本質的に等しいものはこれを等しく、本質的に等しくないものはこれを等しくないように取り扱うべきことを要請し、他方においては実質的理由を欠く恣意的な差別を禁止しようとする。では、この意味において何が恣意的とみなされるのであろうか。ライプホルツによれば、それは実質的正義の観念に照らして、立法にたいしても異論の余地なき限界を画する国家共同体の価値に拘束された法意識によって定まるというのである。

ナチス専制政治下において正義の要素としての平等の軽視に直面して、ライプホルツはのちに、恣意の概念に明確なる輪郭を与えた。たとえそれが法意識の一時的な混濁のときに誤認され、したがって、もはや法治国などといえないような場合であっても、人間の尊厳ならびに生命および基本的な人格の発展を求める権利の侵害は、彼によれば、いかなる場合にも恣意的だといわなければならない。

ライプホルツは、何よりも、その平等原則の解釈をもって、平等の具体的内容を終局的に決定するのは裁判所であるとし、裁判官の法律審査権を認めるべきことを要求するのである。これも新たな考え方であり、彼にとってそれは憲法の構造変革から生じた当然の帰結であり、法律が憲法とりわけ平等原則と相容れるのかどうかを審査する権限を裁判官に認めようとするのであった。かように裁判官の法律審査権を是認することは、司法権にたいして「超立法者」の役割を認めることになりはせぬか、という異論に反駁して彼は、平等原則は一般的正義の観点のもとに、ある法律を審査し、もって裁判官の正義についての見解を立法者に押しつける可能性を司法権に付与するものではない、と答えたのであった。裁判官の法律審査権はただ恣意の禁止によって画定された領域の極限の限界を、踏みはずしているかどうかを審査するに過ぎないのであって、立法者が最も目的にかなった最も理性的な最も公正な解決を選んでいるかどうか、を審査するわけではない。公然たる権力の濫用があった場合に、健全な判断力をもって事物を論証しうる人間のすべてがそれを恣意的であると見るほど重大な権力の濫用である場合にはじめて、裁判官は立法者に立ち向かうことができる、と主張したのである。これによって国民主権が問題とせられることはない。国民は主権者であり、すべての政治権力は国民から発する。憲法裁判権を行使する裁判官は、政治的に行動することは許されず、法的基準にしたがって行動しなくてはならぬ。裁判官は法により政治に引かれた制約の遵守についてのみ監視しなければならないことになるはずだ、と彼は説いている。

アメリカの最高裁判所やスイス連邦裁判所の判決を引用しながら、一貫した法哲学に基礎づけられた思想体系のうちに印象深い法理論的精密さをもって主張されたこのテーゼは、しかし、反駁に接しないではすまされなかった。ハイデルベルクの学位論文指導教授であったリヒャルト・トーマも、この新しい平等解釈にたいして明確に否定的な態度を示し、その意見によれば民主的法思想と相容れないとされる裁判官の法律審査権を是認しようとする主張にたいして真っ向から反駁の論陣を張ったのであった。それにもかかわらず、この新しい考え方は、論議を重ねるごとに、十分に認識せられ、学界において「支配的学説」と認められ、ライヒ裁判所の判決にも採り入れられるほどにその地盤を獲得していったことは人の知るごとくである。こうしてナチス崩壊ののちに、連邦および各州において、憲法制定者が拠りどころとなしえた精神的基礎がここに確立されたということができる。この基礎は、その後の発展に決定的な影響を与えたといっていい。

『法律の前の平等』において自由主義的な民主制の本質的特色としての法治国家性を浮き彫りにし、その論理的な帰結について深く考究したのち、ライプホルツは、一九二九年に公刊された教授資格論文『民主制における代表』(Die Repräsentation in der Demokratie) において民主的法治国家における政治的意思形成の問題を、その根柢にまでさかのぼって論究したのであった。この論文において彼は、伝統的な自由代表制と外見的に憲法現実となった政党国家的民主制との間の照応関係を取りあげ、その思想史的および現実的基盤を明白ならしめている。こうして彼のその後の思想と行動を規定することとなった第二のテーゼに着手したものと見ることができるであろう。

この教授資格論文に立脚し、一九三一年の国法学者大会で打ちたてられた政党国家の理論について要約するならば、基本的には次のような考えに基づいているということができるであろう。すなわち、現代民主制においては、一九世紀の配分的・比例的な平等概念にかわって次第に定式化された平等概念が登場した。この漸進的な無差別化は、平等の概念のひとつの現われであるが、政治的・社会的領域においては、広範な民主化と反自由化となって現われてくるのである。こうした発展の流れに沿って、成年に達した能動的市民を組織化し、それによってはじめて彼らに行動能力を与える政党がますますその意義を獲得してきた。政党なくして国民は、おそらく、国家的事象にたいして有効な政治的影響力を行使し、政治的領域において自己主張することは不可能であろう。民主制は、だから、ほとんどの西欧諸国においては必要かつ不可欠な行動単位としての政党を基礎として成り立っているといえよう。この政党国家的民主制にあっては、国民投票的民主制の合理化された現象形態が問題とせられなくてはなるまい。直接民主制においては能動的市民の多数の意思がそのつどの全体意思と同一視されるように、機能する政党国家的民主制においては政府および議会におけるそのときどきの政党多数派の意思が全体意思と同一視される。これにより議会の役割・議員の地位および選挙の性格は、決定的に変化してしまったといってもいい。この新しい平等理解を端緒としこれに支えられた発展は、もはや逆行させることはできぬであろう。政党組織の内部に形成されていく寡頭政治的傾向によって生じる政党の能動的市民からの疎外化にたいしてはむしろ、政党自体の民主化という手段をもって対処することが必要だと考えられる。かような民主化のためには、候補者選定の場合と同じように、政党の意思決定に際して個々の党員に適切な協力の可能性が開かれるべきこと、および公的資金の配分によって政党が非民主的影響から保護されるべきことが要請される。

かように彼は支配的見解と異なる政党国家の新しい見解を主張したのであるが、それは、過去の基準に則った民主制批判にたいしてと同じく、台頭しつつある全体主義的運動にたいしても強く反対するところとなったのである。そしてそれは何より彼が、新しい自由主義的な多数政党をともなう民主制を強化し、これを誤った方向への発展から守るべく試みたことを示すものといえよう。『平等論』（一九五九年）および『代表制論』（一九六〇年、一九六六年）を三〇年以上も経過した今日、ほとんど何の変更を加えることもなくあらためて公刊することができたことは、彼の本質的なるものへの直覚的洞察力とその分析の的確さを物語るものといっていい。いくつかの個別的な問題と推論に異論がないわけではないが、それはこれらの価値を決して傷つけるものではなかろう。戦後の発展に与えたその決定的影響力については、軽視できないものがある。

ルドルフ・スメントはこのことをライプホルツの六五歳の誕生日に際し、次のように的確にいっている。「あなたの人生は、私どものそれと同じように、何か次のような時代に遭遇しております。つまり、旧世界の没落とまったく徐々に忍び寄ってくる別のあらたな世界の黎明期、そういった二つの異なる時代の狭間にあたる時代にあるといえます。この事実は私どもすべてにとってとりもなおさず、むずかしい二者択一の選択を迫られることを意味しております。あなたはこのむずかしい二者択一の選択とその緊張関係を見事に超克されたのであります。あなたは一九世紀のすばらしい遺産のすべてに関与され、それを誠実に継承してこられ、かつまたそれを決して否認されませんでした。しかし同時に、このことを理解している人はきわめて少ないのですが、あなたは一九一八年以降の新しい世界の出現の意義をよく理解され、私たちにそれを正しく指し示されたのであります。憲法生活においては変化した世界における言語・概念・制度というものは、もはやこれまでと同じ意味をもちえないものであるということをあなたはすぐに認識されていたのであります」。この評価はけだし、適評といいえよう。

二

しばらくの間裁判官として活動したのち、研究員としてベルリン大学カイザー・ヴィルヘルム外国公法・国際法研究所（一九二六年―一九二九年）へ移ったライプホルツは、一九二九年にグライフスヴァルト大学から公法および一般国家論の教授として招かれ、ついで一九三一年同じ資格でゲッティンゲン大学へ招聘された。ナチスがこの人文主義的遺産によって強く彩られた自由主義的で独創的な人物に我慢がならなかったのも、ふしぎではないだろう。全学部の聴講者のためにおこなわれた『二〇世紀の国家像』(Das Staatsbild des 20. Jahrhunderts) と題した講演を妨害したナチス学生同盟の悪意に満ちたプレスキャンペーンに遭い、一九三五年彼は、ニュルンベルク法の抵触者の一人として強制退職を余儀なくされる運命をもった。一九三八年ついにライプホルツは――重い気持をひきずって――身の危険さえも感じるまでになった祖国を捨て、スイス・フランスを経由してイギリスへの亡命を敢行すべく決意した。ディートリヒ・ボンヘッファーの双子の妹である彼の妻ザビーネ・ライプホルツは、この数々の人間的背信に満ちた打ちひしがれた屈辱的な境遇を、しかしまたときとして変わらぬ人びとの友情の絆に支えられた別離と亡命の数年間を、「ボンヘッファー家の運命」という副題のついた本、『過ぎ去りし過去・体験・超克』のなかに切々と描写している（Sabine Leibholz (geb. Bonhoeffer), Vergangen, erlebt, überwunden. Schicksale der Familie Bonhoeffer, 1. Aufl., 1968)。人は恐怖と感動なしにこれを読むことはできないであろう。

対英仏戦の当初、ライプホルツは、「敵性外国人」としてイギリス官憲に抑留された。イギリス連邦の海外自治領への移送にあたって、乗船の前彼は、警備の手薄を狙って輸送名簿にあった自分の氏名を削除し、この難を逃れている。——彼はよくニンマリ笑ってこの話をしたものであった。一九四〇年七月末の釈放ののち、彼は家族とともにオックスフォードに住み、そこで再び大学教授としての研究活動が開けたのであった。

アングロサクソンおよびロマン系諸国で公刊された一連の論説や論稿は、いずれもこの時期を画する労作である。一九四二年に発表された深く根本的なものに触れた著述『キリスト教・政治および権力』(Christianity, Politics and Power）やクライスト・チャーチ・カレッジでの講義の出版などはこの時期に見られるきわめて重要な作品として忘れてはなるまい。これらはその他の論稿とあわせて一九六五年『政治と法』（Politics and Law）と題する論集としてオランダで公刊され、再び広く日の目をみることになったのである。

義兄のディートリヒ・ボンヘッファーは、一九三九年すでにチチェスター主教ジョージ・ベルと緊密な繋がりをもっており、この関係から友好的な協力活動が展開されていた。エーバーハルト・ベートゲおよびロナルド・C・D・ジャスパーによって編集され、一九七四年『分割されたヨーロッパへの入口に立って』(An der Schwelle zum gespaltenen Europa) という表題で公刊されたゲルハルト・ライプホルツとジョージ・ベルとの活発な往復書簡は、もうひとつの異なるドイツ像をめぐる共通の努力、ドイツ抵抗派との協力の必要性についての深い理解を呼びおこし、戦後政治を有意義な軌道に乗せるためになされたあらゆる努力や試み——この試みには主教は上院議員としてなんらかの成果をえようと倦むことなく努力を続けた——を生々しく立証してあまりあるものといえよう。

一九四四年一〇月『ニュー・イングリッシュ・ウィークリー』誌がひとつの論説をのせた。その論説でライプホルツは、一九四四年七月二〇日の暗殺計画の意義が過小に評価され、その動機が正しく伝えられていないことに反論を加え次のようにいっている。「この七月二〇日の陰謀に加担した人たちのほとんどは、西欧的伝統を信奉した人たちである。……私は、ドイツの教育制度を永続的に連合国側の保護のもとに置こうという計画は挫折せざるをえないのではないか、と恐れている。なぜなら、そうなれば信頼するに足るドイツ人が、ドイツ国民の目からみれば、裏切者におとしめられることになるからである。ドイツにいるこれらの信頼するに足るドイツ人たちは、この国が再びヨーロッパ的でキリスト教的な国にならねばならないことを確信しているのであり、彼らの信頼なくしては、ドイツを《教育し直す》ことはできないといっていい」。いうまでもなく、連合国は、あるべきドイツ人をあるべき位置に据えなければならない。そのようなあるべきドイツ人がいたならば、「連合国は、第二次世界大戦の重要な原因となった国家的な屈辱や絶望を再び招来することのないようにするため、その権力を政治の領域にのみ限定すべきであろう」。

それはともかく反ヒトラーへの抵抗運動において、ライプホルツと密接な人的関係があったディートリヒおよびクラウス・ボンヘッファー、彼の妻の義兄弟ハンス・フォン・ドナーニーおよびリューディガー・シュライヒャーならびに彼自身の弟とその妻たちが、不幸な犠牲となったあの数年間のドイツの運命への苦悩に満ちた関わりは、まぎれもない明白な事実であることを、忘れてはなるまい。この事実はまたゲープハルト・ミュラーのための記念論集に収録された反ナチス政権蜂起二五周年の寄稿論文、『一九四四年七月二〇日の遺産』(Das Vermächtnis des 20. Juli 1944. in: Festschrift für Gebhard Müller, 1970)のなかに、いつまでもその姿をとどめることになったといっていいであろう。

三

一九四七年ライプホルツは——まずは客員として——ゲッティンゲン大学で再び教鞭をとることになった。その苦渋に満ちた幾多の体験にもかかわらず、国家存立の根本問題を徹底的に究明しようと諄々と説き切々と訴えるという慎重かつ真摯な態度が、学生たちの心をとらえ、戦争からの復員学徒世代への接触を容易にし、末永く大きな影響力を残したといいうるであろう。この間に再び活発になった政党批判や民主制批判にたいしては、ライプホルツは数々の講演を通じて、その大要においてはすでにワイマール時代に彼の考え方のうちに深く根をおろしていた、必然的に政党国家的な特色をもつ現代の自由主義的な民主制の根本思想を、克明に反覆説いて倦まなかった。その洞察の深さから、今日の憲法現実への法的アプローチへの手がかりが与えられるとともに、民主制の構造上の変化が憲法上適切な事象へと整序されるための指標が提供されるであろう。いうまでもなく、その場合彼は、自由と民主化とはただちに結合するものではなく、むしろ一方または他の一方が否定せられてはならないときには、つねにあらたな均衡のとれた調整が図られなければならないということを、最も明白に認識していたのである。彼は、民主国家の自由主義的性格を、あらゆる法的手段を用いて、違憲政党の禁止という手段を用いても、守ることは許されるべきことであり、望ましいことであるという態度を示した。とにかく彼には、自由は急進左翼や急進右翼からだけではなく、自由を絶えず濫用し、自由を恣意や放縦と同一視しうると信じている人びとからも脅かされているように見えたのである。真の自由は、共通の価値観念への拘束なしには考えられない。しかしまた究極まで押し進められた民主化は、自由破壊的に作用する危険をはらんでいる。まさにそのゆえに、両者は一方にたいしても他の一方にたいしても、その破壊からみずからを守ることが重要であろう。この問題に関する一連のテーマを扱った『現代民主主義の構造問題』(Strukturprobleme der modernen Demokratie, 1958) は、大きな反響を呼んですでに数版を重ねている。

一九五一年、ライプホルツは新設された連邦憲法裁判所第二部の判事として招請される。彼は欣然としてこれを承諾した。彼がそれをやり甲斐のある重要な仕事だとおもったのは、新生連邦共和国の建国に手をかし、絶えず心におもい描いていたようにこの国を形成する可能性を与えられるものと感じたからである。彼は国会法・政党法および選挙法の審理部門を引き受ける。その分野は前々から特に彼の興味をそそった分野であった。彼の思想がいったいどの程度、連邦憲法裁判所の判決形成に――単に第二部のそれにだけでなく――寄与しているかは、部外者にとっては容易に判定し難いところであろう。しかし判決が、彼の思想によって、強く推進されたことは、事実であろう。

この点でまず、連邦憲法裁判所が最初から政党の地位と機能を次のように観察し、表現していることは、注目に値いしよう。基本法は、憲法の現実に照応して、その第二一条で政党を、今日の民主制において選挙民を政治的行動能力ある集団にまとめ、かくて選挙民をして国家的事象に効果的影響力を行使することを可能にするために、欠くことのできない政治的行動単位として認めている。基本法はまた政党を国民の政治的意思形成にとって欠くことのできない憲法上の手段として憲法上の制度たる地位に高め、一連の統合的要因に組み入れたのである。そこから連邦憲法裁判所は、政党の意義・性格に関して諸々の帰結を導き出した。すなわち、政党への財政援助を容認し、憲法訴訟の手続における政党の機関的性格を承認し、かつまた政党の機会均等の原則を発展せしめている。基本法第二一条と第三八条との間の緊張関係に立つ議員の法的地位に関しても、判決にたいするライプホルツの影響は、明白である。そしてまたこれに劣らず、選挙宣伝・選挙手続および選挙審査に関する数々の決定ならびに政治的意思形成の公開性の確保をめざす判決に関しても、それにたいする影響は多くの人の指摘するところである。ここにいちいち挙げることはできないが、これらすべての判決例は、その文言やその実質的内容などからも、いかにそれがライプホルツの影響を色濃く受けているかを容易に証明しうるであろう。

すべての国家権力を拘束するといわれる恣意の禁止としての一般的平等原則の解釈もまた、その仔細にわたってはまだ吟味しつくされているとはいえないが、やがて国家実務や司法判決にとって「共通の遺産」となったことが、ここで注目されよう。この平等の考えは、ライプホルツ八〇歳の誕生日を祝して開かれたゲッティンゲン・シンポジウムの基本的テーマとして論議の対象とせられ、クリストフ・リンクの編集になる『現代立憲国家における平等原則』(Der Gleichheitssatz im modernen Verfassungsstaat, 1982) と題する本のなかにも記録として明確にとどめられていることが知られる。

ところでライプホルツが、彼自身の担当分野のテーマを越えて——判決の細部にとらわれることなく基本的な諸原理や主要な論点の解明のために——第二部の判決のすべてにわたり特別に、合議評決に参加し、判決の形成と発展に大いに寄与したことは、他の裁判官も認めているように、まさしく彼の学問的および個人的権威の然らしめたところといってよかろう。

人の知るように、ライプホルツは早くからしかも成功裡に、連邦憲法裁判所を、その使命と職責にふさわしく最高の憲法機関として位置づけるために多大の努力を傾けた。これは彼が連邦憲法裁判所の裁判権にもたらした最大の貢献と目せらるべきであろう。彼が連邦憲法裁判所の総会における報告を通じて、連邦憲法裁判所の特異な性格を綿密かつ鮮明に描き出していることに、注意すべきである。一九五二年六月二七日の連邦憲法裁判所の地位に関する覚え書に記録された彼のテーゼ、すなわち、連邦憲法裁判所は憲法の番人としての使命をもつ資格において最高の権威を付与された憲法機関であり、その地位は、連邦議会、連邦参議院および連邦政府のそれに劣らないのであって、組織面から見ると、他のいかなる憲法機関にたいしても独立かつ不従属であるという命題は、広く承認せられ、これまで一度もさしたる反論に遭ったことがない。ここから、裁判官の地位の独自性や総会の発した職務規程の基準によって処理される司法行政の自己責任という結果が生まれる。また予算案の独自の個別案ということも、ここから出てくる（その詳細については、vgl. Der Status des Bundesverfassungsgerichts : Eine Materialsammlung mit einer Einleitung von Gerhard Leibholz, JöR. Bd. 6, 1957, S. 109 ff.）。これによって他の憲法諸機関との協力活動における連邦憲法裁判所の地位が強化され、国家の統合をめざして争いを裁定し、かつ平和的にこれに貢献すべき連邦憲法裁判所に期待された使命の達成が、著しく容易となったということができよう。

ライプホルツは、判決の探求にあたって憲法裁判官が厳守すべき憲法が政治的プロセスにたいして確固たる目標を設定し、かつその極限の限界を設けているため、憲法裁判において特にはっきりと現われる法と政治の間の緊張関係について、熟知していたといっていい。彼は——憲法の客観的政治的意味内容を注意深く考察することなくして——論理的概念性と単なる法技術の助けを借りるだけでは決して除去しえないこの緊張関係を克服すべく、非常な熱意をもって絶えず模索し、政治家が厳しい自己抑制のもとに裁判所の決定を義務的決定として容易に受け入れるであろう何らかの方法によって、この緊張関係の解決を図ろうと試みたのであった。彼にとっては法律と法とはまったく同じではなかった。むしろ彼は、その綜合的な深く根本的なものに結合された思惟態度から、新たに生じてくる現実の諸問題を普遍的なその問題を超えた広い連関のなかでひとつの統一的な意味構造として把握し、基本法を支配する法原則との調和のもとに法体系にそった問題解決へと導こうと努めたのである。その豊かな学識と高い見識をもって終始最大の努力をはらった憲法裁判官ライプホルツの姿が、ここに明確に示されているといってよかろう。

その清澄な内心の自由と学問的な節操とついをなす人事や日常の政治的争いにたいするライプホルツの公明正大な態度は、本来なら不公正の恐れを理由に彼を忌避の対象とすることなど、ありえないことであった。それにもかかわらず一九六六年、国家による政党への財政援助の許容性をめぐって激しく論争が繰り広げられたとき、国法学者大会でのちょっとした発言を盾にした国家民主党からの忌避申立てを裁判所が容認したのであった。不公正の恐れというのは不当だとする見解をもった連邦議会、連邦参議院および連邦政府の異議にたいして、付随的に審理された機関訴訟において、忌避がおこなわれたのである。この忌避は、それに関して何らの申立ても出されていなかった手続にまで「及ぼされた」のであった。これによって、部内の比重と評決に大きな変化が与えられたことはいうまでもなかろう。この裁判官の変更とその理由づけは、明らかに妥当を欠くものとして、ザールシュテット、フリーゼンハーンおよびツヴィルナーなどによって、当然のことながら、辛辣な批判に曝されることとなったのである。ライプホルツが内心どんなに深く傷ついたか、彼はそれをついに外部に悟らせるようなことはしなかった。彼はそのことについて特別騒ぎ立てるようなことをしなかった。というのは、彼にとっては彼自身にふりかかった誤った決定をとやかく難ずることよりも、憲法裁判所制度のほうがはるかに重要ではないかとおもわれたからである。彼は裁判官としての自己規律や同僚意識や協調性という点で、他人もまた自分と同じように自主性を強く備えたものとして深くこれを尊重し、それによって、少しも動ぜず、毅然たる態度を失わなかった。

四

裁判官職の傍らライプホルツは、一九五三年以来ブリュージュのヨーロッパ大学で教鞭をとるほか、連邦内務大臣の任命した選挙法委員会(一九五五年)および政党法委員会(一九五七年)ならびにその他数々の内外の学術的諸機関に、専門家として、参与した。また、そのほかにも『公法年鑑』(Jahrbuch des öffentlichen Rechts)の編集に携わった。一九六六年に公刊された『判例を中心とする基本法の逐条註釈書』(Leibholz, Gerhard/Rinck, H.J.: Grundgesetz für die Bundesrepublik Deutschland. Kommentar an Hand der Rechtsprechung des Bundesverfassungsgerichts)は、すでに現在第六版を重ねているが、このコンメンタールが、基本法についてのスタンダード・ワークの地位を占めていたことも、ここにいう必要はあるまい。西欧民主制の構造変化に関する彼の鋭い洞察力と分析は、連邦の内外でも注目を浴びている。その厖大な著作——フランツ・シュナイダーの編集になる著作目録は三〇〇以上の題目を内容とする——から選ばれた作品のいくつかは、英語・フランス語・イタリア語・スペイン語・ポルトガル語・日本語・ギリシア語・スウェーデン語・ノルウェー語・トルコ語・ポーランド語・ハンガリー語・ブルガリア語・セルボクロアチア語および朝鮮語などに翻訳され、広く諸外国で読まれている。彼の個人的運命およびナチス政権にたいする抵抗運動への緊密な協力などによって証明された道徳的完璧さとその専門分野に打ちたてられた世界的名声とは、彼をしてひとたび断ち切られた諸外国との絆をあらためて繋ぎとめ、敵意をすっかり忘れて新生連邦共和国への信頼を再び回復することを容易にしたことは、多く疑いを容れないようにおもわれる。このことはまた連邦憲法裁判所の権威強化に著しく役立っていることは明らかである。

かくしてライプホルツは、連邦共和国のために、強力な憲法裁判制度の確立のために、憲法擁護のために、在職二〇年にわたって奮闘をつづけたのであった。しかし彼は、だからといって、私的個人的生活を頭から否定するようなことはしなかった。しばしば彼の負担能力の限界線まで詰まり、しかも彼を必要とした多忙な公的活動のなかにあっても、彼の精神生活を実現するためにはきわめて重要な、私的な相互信頼によって彩られた個人生活領域に、それ相応の注意をはらわれた。創造的思索に時を過ごすことも、また友好的社交にも心の余裕はあった。客をよろこび迎え入れる彼の家は、しばしば専門分野を越えて集まった学者、芸術家および実務家たちの、活発かつ示唆に富む語らいの場となったのであった。ここに集まった人びとにとっては、終生忘れえぬ追憶となるであろう。

六五歳の誕生日には、二冊からなる記念論文集『現代デモクラシーとその法』(Die moderne Demokratie und ihr Recht, 1966) が企画され、カール・ディートリッヒ・ブラッハー、クリストファー・ダウソン、ヴィリー・ガイガーおよびルドルフ・スメントがこれを編んだ。八〇名以上にものぼる内外の著名な執筆者が、その人と作品の異常な放射力に心からの尊敬と敬愛の念を表わしている。連邦憲法裁判所判事としてのほぼ二〇年間にわたる彼の活動にたいして、同裁判所長官エルンスト・ベンダは、一九八一年一一月二一日八〇歳の誕生日を祝して開催されたゲッティンゲン大学大講堂におけるシンポジウムの際に、次のような真情溢れる言葉で讃辞を呈している。「連邦憲法裁判所は、ゲルハルト・ライプホルツの高潔な品性、まことに比類のない人格に深い尊敬の念を表するものであります。アメリカ合衆国最高裁判所の歴史は、その偉大な幾人かの裁判官像によって彩られ、それら裁判官の歴史そのものといった観さえあります。長い年月ののちに何時の日にか連邦憲法裁判所の歴史に筆が染まるとき、ゲルハルト・ライプホルツこそは、その歴史の重要なページにその名をとどめるにちがいありません。私たちは彼を手本とし、遅れをとらぬよう努力しつつ、ここに深い尊崇の念を捧げるものであります」。

一九八二年二月一九日、ライプホルツはゲッティンゲンの自宅で八〇年のその生涯を閉じた。そのわずか一〇日前ヴェルナー・ヒルは彼とのラジオ対談——それは彼の死後はじめて放送されたのであったが——を試みている。その対談のなかでライプホルツは、自分の生涯について語り、その学問的活動や裁判官としての活動について説明したのち、最後に、当時再び論議の焦点となった政党への財政援助と議員の地位に関する問題について——いつもと少しも変わることなく——バランスのとれた落ちついた態度で、率直にその見解を表明した。彼は活力溢れる気迫と生き生きとした態度で、その生涯の総決算でもあるかのように淀みなく語ったのであった。彼の人生途上見舞われた幾多の困難な状況のなかで、それに打ち勝ち屈しなかった力はいったいどこから生まれたのか、という最後の質問にたいして彼は、次のように真面目にその心情を告白している。「私たちがここに座ってこの対談をしていられるという事実、これは私に贈られた何かであり、別の言葉でいいますと神の恩寵のひとつの現われであると見ておりますす。といいますのは、つきつめて考えてみますと、その命すら失われた人びとにしてみれば……神の摂理に……どうしてこんなことがありうるのかと、自問されるはずだからであります。私自身も心に責を深く感じております。特に他の途を歩まれ、もはやこの世に生存されない人びとにたいしましては、幾重にも心の責を感ずるのであります。私は神から贈られたこの生命を妻と共に今日もなおもち堪えているからであります」。

この繊細な心の学者にして気高い裁判官の個人的放射力とその魅力は、いったいどこからくるのであろうかと問うとき、人は何といっても、今日では稀な彼の根本徳性となっている高潔な品性がそれだと、すぐに気がつくであろう。彼が口にしたことはすべて信頼するに足ることであった。それはライプホルツに接した多くの人びとがひとしく深く感銘したところであった。彼のいったことすべてはその内面的確信に基づくものであり、その行動を決定したということに誰もが、気づくことであろう。つねに謙虚さを失わない彼の卓越した個性は、おのずから彼に権威と畏敬の念を与えているといっていい。事物の決定に際していつもみられる彼の深切な寛容さと度量の広さ、控え目な人間的温かさ、それにまた――どんなに仕事に忙殺されていても――彼にみられる落ちついた態度は、彼に出会うすべての人を究極的に時限を越えたきわめて形而上学的な世界に組み入れ、解脱の境地に達したひとりの人間の魂をあますことなく放っているようにおもわれるのである。

まことに彼は、彼に出会い彼を知るすべての人びとの心にいつまでも生き続けることであろう。

〔付記〕　G・ライプホルツの生涯と業績に関する文献資料として、私の知るかぎりで、いちばん注目に値いするとおもわれるのは、初宿正典教授のそれである。同教授の「G・ライプホルツの死をめぐる西独の反響」(『社会科学論集』一九八六年二六号、一九二頁以下)には、ライプホルツの死を機縁にものされたドイツ語文献のうちで重要なものはたいてい挙げられているので、ここでは、文献の詳細にまで論及することは、これを避ける。

なお、本稿のほかに、私の「ゲルハルト・ライプホルツ教授——その生涯と業績——」(『書斎の窓』四二三号・四二四号=本書**37**)も、ライプホルツの人と思想の考察について、いくぶんは参考になろうか、とおもう。

(熊本法学七五号、一九九三年三月)

37 ゲルハルト・ライプホルツ教授

——その生涯と業績——

ゲルハルト・ライプホルツは、一九八二年二月一九日、ゲッティンゲンでその生を終えた。満八〇歳の誕生日を迎えた数ヵ月後のことであった。わずか三ヵ月前、彼の誕生日を記念したシンポジウムでその倦むことを知らぬ活力と時として論争的でさえあることを感得していた人たちにとっては、その死は、あまりにも思いがけないことであり、とうてい信じられなかった。もっとも、重い心臓病の兆候に悩まされていたことは以前から知られていたところである。あらゆる点で傑出した彼の存在は、あの偉大なドイツ国法学の一時代の最後の生き証人のひとりとして、政治思想史の一齣を具現するの感を与える。

まさにこの時代は彼のほかにも、ヘルマン・ヘラー、ルドルフ・スメント、ハンス・ケルゼン、カール・シュミット、ゲルハルト・アンシュッツ、リヒャルト・トーマ、それにハインリッヒ・トリーペルといった錚々たる諸学者が、百花繚乱たる足跡を印した時代である。しかし他の多くの学者とは異なって、彼を襲った運命は、法の保護を奪われるという不幸な運命であった。彼は人間存在を否定される身となったのである。だから、ライプホルツの生涯は、受難のドイツ史の一齣を語っているものということができる。それだけに彼の場合、その生涯の閲歴と業績は互いに深く結びつき、断然独自の模様を綾なしているといっていい。

一　ライプホルツは、一九〇一年一一月一五日、富裕な工業家の子として生まれ、ヴィルヘルム時代の裕福な家庭の進歩的な環境にはぐくまれて成長した。若くして学びはじめ、戦時という制約を受けた大学運営の特殊性もあって早目に終了した哲学専攻ののち、彼は、じつに一九歳の若さをもってハイデルベルク大学のリヒャルト・トーマのもとで処女作『フィヒテと民主主義思想』に関する論文を書き上げ、哲学博士の学位を授与された。それに続く法学研究修了後、二つの法律国家試験を受けている。一九二五年にはライプホルツはすでに、ハインリッヒ・トリーペルの指導を受けたかの有名な博士論文、『法律の前の平等』を提出している。ここで二四歳になったばかりの彼は、見事にまとまった思想展開と素晴らしい構想力をもって、平等原則の効果は形式的法適用の平等に尽きるという旧自由主義的法治国家の命題に、痛撃を加えたのである。この命題の背後には、一般意思に支えられた理性的な社会関係の形成——シラーの『契約のソフトな支配』——という精神、すなわち法律というものの伝統的観念が潜んでいたことは容易に推測せられうる。そこでは、特定の法律がすべての国民にたいして――身分・財産もしくは世界観によって差別されることなしに――平等に適用されさえすれば、それで正義の要請に十分こたえたことになると考えられた。このような考えかたには、立法の不正という思想は立ち入る余地はなかった。ライプホルツは、こういう法律抽象論のイデオロギー的基盤はおそくとも、立憲制から多元的議会民主制への政治的変遷とともに崩壊してしまったという事実を、明白に認識していたのである。政治的に正しいこと、それはもはや客観化しうる理性のカテゴリーによって決せられるものではなく、むしろ多数の主観的公益概念によって――だからひとえに民主的プロセスのなかで――決せられることが必要なのである。

しかし、そこでは立法者に無制限の活動領域が認められているわけではなく、立法者は憲法の基本決定により制約されるといわねばならない。このことはまた平等原則にとっては、議会に代表される国民は民主的原理の平等準則に拘束されなければならぬということを意味する。法律の前の平等――すなわちライプホルツの主要命題――は、だから、法律による平等を意味する。立法者は、国民を法的に平等に扱う義務がある。平等と正義が互いに関係づけられているとすれば、そのことから当然、正義の尺度という問題が不可避的に生ずるであろう。法律によって規律される生活の実態は、あらゆる点で同じということは決してありえないから、いかなる特徴の要件事実が平等の扱いを要求し、また不平等な扱いを許容するのかを判断しうる立法者の決定を必要としよう。ライプホルツはこの尺度をまず、その時々の共同社会の価値に左右される法意識に求めようとしたのである。これによって彼は、一方において、いたずらに普遍妥当性を求める抽象的な自然法論に堕するを避けると同時に、他方において、空疎な価値相対主義に陥ることを避けうると考えたのである。一九二五年当時にはまだ想像することができなかった平等概念としたがって正義の概念とのイデオロギー的価値の倒錯を恐れて、ライプホルツは、のちに――一九四二年オックスフォード大学における一連の講義から――この点に関するその見解を若干修正している。その時々の法意識に左右される歴史的相対化の限界は、人間の尊厳の保障、生命・身体の不可侵、および基本的人格の発展を求める権利といった一定の根本規範のなかに見出されるものと彼は解している。(のちに基本法第三条第三項のカタログに成文化されたような)絶対的な差別の禁止についても、立法者は――たとえ明確に憲法で禁止されていない場合であっても――これを無視することはできない。立法者の平等原則への拘束から生ずる論理的な帰結として彼は、裁判官による法律の審査を要請したのである。かくして彼はこの問題をめぐるワイマール時代の論争において、その態度を明らかにしたのであった。彼は法律審査権を認めるにあたっては、審査権は規範が明らかに正義の要請と矛盾している場合だけに限定されることが必要であると説く。裁判官は、その評価を民主的な立法者の評価にとって代わることはできない。ただ、この立法者の評価が、どのような理性的観点に照らしても正当化しえないときにのみ、つまり恣意的であるときに限りその違憲性を確定することができるとする。連邦憲法裁判所は、その判決――はっきり名指せば第二部の判決――において、恣意の禁止としての平等原則という概念規定をさまざまの批判的異論があったにもかかわらず、明確に承認していると見ていいであろう。若くしてすでにこの学者には、その学位論文に盛られたこの思想が学界の論議において注意ぶかく観察され、やがて「支配的学説」と認められるに至るという大なる栄誉が与えられたのであった。しかしそれはきわめて稀有なことに属するであろう。

二 ライプホルツは「法律による平等」という命題については、アメリカ合衆国最高裁判所やスイス連邦裁判所の判決や学説のなかの古い手がかり——とりわけその師トリーペル——に拠りどころを求めることができたわけである。彼の国家理論的問題領域の奥深くまで及ぶ論証は、現代にまで輝く成果を保っていることは明瞭である。ともかく彼の活動史を裏づける知識は、すでに若くして確立していたといっていい。このことはまた特にライプホルツの教授資格論文『民主制における代表』（一九二九年）についても同じくいえることである。この論文は、ビクトル・ブルンスの指導のもとにあったベルリン大学カイザー・ヴィルヘルム外国公法・国際法研究所研究員時代の、数年間にわたるひたむきな研究活動の成果を示しているといっていい。ちょうどこの時代の仕事が、国外にまで視界を広げ、他国の憲法制度にたいする彼の理解を深め、それに支えられた政治観を養ったと考えられる。ライプホルツは最後まで、外国法の発展動向に活発な関心をもち続けた。また彼自身にたいする国際的評価も、じつはこの点に由来するといってよかろうとおもう。——それは一九五一年以降彼自身情熱を傾けてその編集を手がけてきた現代公法年鑑に、印象深く記録にとどめられているところである。

その教授資格論文で彼は、代表制思想が一九世紀の名望家議会から発して現代の政党国家的民主制へと発展する過程において経験しなければならなかった質的変化というものを鋭く観察している。彼によれば、古典的自由代表制は、代表者の代表される人たちからの独立性を根拠とするひとつの「特殊な観念的価値の世界」に根ざしているものであって、この原理は、大衆民主的政党国家における比例選挙制という条件のもとで根底から揺さぶられている。だからして、彼にとっては代表制と政党国家的民主制は、政治的意思形成の単一形態内部でのニュアンスのちがいというだけではない。むしろ彼はそこに根本的な憲法理論上の深い裂け目、すなわち代表民主制から同一性原理に基づく国民投票的民主制の合理化された形態への移行を、看取しているのである。こうした解釈でライプホルツは、それ以来、再三再四専門家の間から批判を受けるに至った。広くしかも根深く滲透しているドイツ国家論の反政党国家的感情に出会っても、彼はこの進展過程を決して否定的に評価することはなかった。一九三一年の国法学者大会において、彼はその命題を悲観的諦観のあらわれだとする見解にたいしてはっきりと論駁したのであった。現代政党国家はむしろ広域国家の構造的状況に適合し、すべての市民階層の特殊な統合の基盤となろうと彼はいう。彼は政党を社会的意思形成の予備的形成と集束のために憲法上も不可欠なものと認め、大衆社会という前提のもとに能動的市民層とその自由を承認すべきことを説いている。一九三一年の国法学者大会におけるその予言的な印象を与える結びの言葉のなかで､彼は､民主的諸勢力——保守的・自由主義的および社会民主主義的諸勢力——の内部に存する意見の分岐・対立を過大に評価することのないよう戒めている。ほんとうの戦線はそこにあるのではなく、これら民主的諸勢力の全体と「個人の自由を否定する急進的集産主義運動」との間にこそ存在するとのべていることが、何といっても、注目されなくてはなるまい。彼もまたかような運動の犠牲となったということになろう。

三　高い学問的名声のゆえに、ライプホルツは各地の大学からの招きをつぎつぎと受け、グライフスヴァルト(一九二九年)、ゲッティンゲン(一九三一年)の各大学に正教授として迎えられた。しかし、この順調な輝かしい学究生活にも――ニュルンベルク法の評決にかかり――一九三五年、突如として終止符が打たれた。各学部を網羅する聴衆を前におこなわれた『二〇世紀の国家像』と題する講義にたいして反対の態度を表明したナチス学生同盟の悪意に満ちた新聞キャンペーンが、その弾みをつけたのであった。このキャンペーンはますます先鋭化してくる人種立法と並んで、強制退官の導因となったようである。とりあえず大学の図書館――あきらかに制約された仕事しか与えられなかった閑職――に転職したのであったが、これもひたひたと寄せてくる身辺の危険を切りぬけることができなかった。

困難と屈辱に満ちた数年ののち、一九三八年、彼はついにイギリス亡命を決意することになった。それに伴って生じたあらゆる生活基盤の喪失と一時的ではあったがその抑留生活は、この亡命学者の運命をいっそう暗澹たるものにした。けれども、オックスフォード大学で客員講師の職を与えられて、学問研究をともかく続けることができたことは、不幸中の幸いであったといっていい。その近親者の多くは、「人種上」・政治上の理由から、相次いで死を余儀なくされ、不幸な最期をとげたのであった。だが憎悪と悲嘆のなかに死すということは、何といっても、ゲルハルト・ライプホルツの本性に沿わなかった。彼はむしろ、彼と密接な間柄にあったチチェスターの主教ジョージ・ベルと協力しその同調者として、連合国側にたいしヒトラー国家と区別すべき「もう一つのドイツ」と協力する必要を説いたようである。この「もう一つのドイツ」というのは、ナチス体制破壊のために内側から戦いを挑むドイツ国内の反ヒトラー・ドイツ人たちの抵抗運動として知られていたのであるが、とりわけかの一九四四年七月二〇日のヒトラー暗殺未遂事件で現実にその姿をあらわすことになったのである。この抵抗運動は結局のところ不首尾に終わったのであったが、ライプホルツはいうまでもなく一連の個人的な関係によって、特に彼の妻の双児の兄ディートリヒ・ボンヘッファーを通じて、この抵抗運動と気脈を通じていたことは明らかである。ディートリヒ・ボンヘッファーは、当時ドイツで最も著名な神学者であったが、一九四三年四月に逮捕され、一九四五年、第三帝国最後の瞬間を俟たずしてフロッセンヴュルクの強制収容所でナチによって虐殺され、この世を去ったのであった。

戦時下のベルとライプホルツの努力は結局はこれといった成果もなく徒労に終わったようであるが、しかし、西側国家共同体への戦後ドイツの再参入のために払われた彼らの努力の間接的な影響力は、いつまでも時代史の賛辞に値いするものといわなくてはならないであろう。

また亡命時代の学問上の成果も、ここで注目されるべきであろう。ライプホルツが、その故国の経験した道徳的危機を憲法と支配秩序を通じて神学的にも深められた省察へと転じていることも、忘れてはなるまい。数多くの論文がその何よりの証拠であるが、この時代をかざる最も主要な作品は、一九六五年にオランダで出版された『政治と法』という論集であろう。

四　ドイツに帰ったライプホルツは、さしあたり客員として再びゲッティンゲン大学で教鞭をとりはじめた。一九五七年には、政治学および一般国家学の新設講座の正教授の地位についた。ニューヨークとケルンの各大学からも招かれたが、彼はそれをことわった。しかしこれに加えて、連邦憲法裁判所の創設（一九五一年）から一九七一年まで彼が属していた連邦憲法裁判所第二部における裁判官としての活動が彼を待っていた。彼のこの時代の生活は、決して狭い意味での学者生活につきなかった。彼はここで、「法学者としての多年の理論的認識を最高の裁判実務という試験台でためすという法律学者にとっては稀有な可能性に恵まれた」のであった。連邦憲法裁判所の長官エルンスト・ベンダが、ゲッティンゲン・シンポジウムの記念講演でライプホルツへの賛辞としてこのようにいったが、いかにも至言である。その学者としての活動と連邦憲法裁判所裁判官としての活動には、じつに見事に結実した共生が成立していた、と断じても不当ではなかろう。

彼の八〇歳の誕生日を記念して公刊された著作目録（フランツ・シュナイダー編集）の第二版は、一九四七年から一九八一年までの間だけで何と二五七もの論文題名を掲げており、その作品はまた一六ヵ国語に翻訳されている。公刊された学問的業績のスペクトルは、公法学上の基本的な諸問題はもとより、広く関連学問分野にまで及び、政治学・法哲学等の分野においても数多くの多彩な業績を残していることを見逃してはならない。しかしながら、ライプホルツの学問上の大きな功績は何といっても政党国家、連邦制、選挙法、法治国家および憲法裁判の制度的枠組みの確立に大いに寄与したことであろう。ここで彼が独立最高の憲法機関としての憲法裁判所の地位の強化に少なからぬ影響を与えたことは、特に注目されなくてはならぬ。その理論は、一九五二年に提出された連邦憲法裁判所の地位に関する報告書のなかで詳細に語られているが、連邦憲法裁判所の権威の強化に重要な貢献をしたことは何人にも明らかなところであるといいうる。

彼の数多くの業績はワイマール時代の仕事に関連しており、その根本思想を基本法のもとでの特殊な憲法上の状況に応じて発展させ続けたということができよう。このことは特に、一九五二年にはじめて公刊された『現代民主主義の構造問題』および『立憲国家・憲法』（一九七三年）についても、そのままあてはまるであろう。彼の見解の論理的帰結は、議員の自由委任といった旧来の代表制の構成要素よりも、民主的な意思形成過程の政党国家的構造に明確な優位を認めるべきところにこそある。この点では専門家の多くは彼に従っていない。けれども、彼の思想の基本線は、明らかに修正された形ではあったが、連邦憲法裁判所の判決に、とりわけ平等原則と政党法に関する判決に採用せられるに至った。彼がその生涯の終わりに至り、他界の数日前のラジオ対談を通じて、献金問題であらたに社会問題の焦点となった政党への財政援助問題などに関して憲法上適切な見解を披瀝する機会をもったことも、学識と学徳のいたすところであったといえようかとおもう。

しかし怒りや失望が決してなかったといい切れるかどうかは、大きな疑問である。政党への財政援助に関する訴訟において憲法裁判官ライプホルツは、不公正の恐れを理由に忌避され、そのためひどく傷ついたことがあるといわなければならない。なぜならば、それはヴュルツブルクの国法学者大会でおこなった『国家と団体』と題する彼の講演のなかの言辞が問題とされたからであった。しかし彼は他のだれよりも、憲法裁判所の独自性を徹底せしめ、そのあるべき姿の確立に絶えず努力を惜しまなかったことは、人の知るとおりである。ベンダは裁判官としての彼を評して、「ライプホルツは世間の信望という点において今日に至るまで同僚裁判官のすべてにぬきんでていた」、といっている。それには彼の高貴な哲学上の理想と強靱な思惟態度だけでなく、その国際的評価と首尾一貫した学問上の業績の重みが与って力があったに相違ない。公法年鑑の編集刊行のことは、すでに指摘した。この年鑑は少なからず彼のすぐれた見識をその身にまとっており、それによって他のいかなる法律関係の定期刊行物も獲得しえなかった権威をドイツの国外からも獲得しているといえる。彼の『判例を中心とする基本法コンメンタール』（ハンス・ユストゥス・リンクとの共著で一九六六年に公刊され、その版を重ね一九八〇年に第六版が公刊されたのは、人の知るところである）や『判例を中心とする連邦憲法裁判所法コンメンタール』（ラインハルト・ルプレヒトとの共著で一九六八年に公刊され、一九七一年にその増補版が公刊されている）は、いまさらあらためて評する必要もなかろう。これらはいずれも憲法問題を考察するすべての人にとって、欠くことのできない参考書とせられている。

ゲルハルト・ライプホルツのめざましい活躍の成果は、高く評価された数々の栄誉がこれをよく物語っているといえるであろう。一九五三年ブリュージュのヨーロッパ大学客員教授を委嘱される。一九八二年ハノーバー大学より名誉博士の称号を授与される。一九六八年連邦大統領より星章肩帯連邦功労大十字章を授与される。彼の六五歳の誕生日を記念して編まれた記念論文集二巻は、『現代デモクラシーとその法』という表題がつけられているが、そこにすでにその生涯にわたる業績の思想背景の展望が示されていると見ることができるであろう。ここでは二一ヵ国からの四七人の執筆者が、そのリベラルでデモクラティックな思想と業績が自由ドイツのために寄与した不朽の功績をたたえている。八〇歳の誕生日を祝しておこなわれた『現代立憲国家における平等原則』についての記念シンポジウムには、じつに多数の連邦憲法裁判所裁判官、大学の同僚、弟子や学生たちが、ゲオルギア・アウグスタの大講堂に集まった。この祝福された学者を迎える立ったままの数分間にわたった大歓迎には、古きよき大学の一体感が感動的に表現されていたと伝えられる。ライプホルツにとっておそらくこれは生涯の感激であったにちがいない。

彼の著作と実践の視野ははなはだ広く、その学問的視覚はきわめて鋭く、その思想には透徹した強靱さが感じられる。彼の思想は、キリスト教的遺産と自由主義的遺産が溶けあったヒューマニズムの泉にその根源をもつ。ゲルハルト・ライプホルツを知る人は、その親しみ深い人格がそこからいかに多くの影響を受けて形成されたものであるかを感じとることができよう。真心・同情心・ユーモア・謙虚な人柄・ゲッティンゲンのヘルツベルガーラントシュトラーセにあるあの古いしかし素晴らしい自宅でのつねに変わらぬ心からの歓待ぶり——そういう点のすべてが、訪れる人の心をとらえて離さない彼の本質的な性格であるといっても過言ではあるまい。しかし、その背後に、ある世代の受難の運命を忘却の彼方に押しやることができず、またそうしようともおもわなかったひとりの人間の、まことに真摯な姿というべきものを、はっきりと見てとることができよう。「人は本来ならば当然に、生き残る側に属する権利をもつわけではないといえましょう」。彼が他界の直前にラジオ対談で語ったこの言葉は、その心情を吐露するものであるが、彼の冷静な表現は、かえって、耐えがたい大きな悲しみをたたえて私たちの心に響くものがある。このような彼の本質のすべてがいずれも彼の内面から生ずる卓越した個性と深く結びついていたのであった。ゲルハルト・ライプホルツの死によって、ドイツ国法学はその偉大な学者のひとりを失ってしまったということができよう。

この短い拙文に私事をつけ加えることを許していただきたい。この小文は、ゲルハルト・ライプホルツ教授の生涯と業績の概略を理解するためのよすがとして、書かれたものである。あらためて説くまでもなく、ライプホルツ教授は、二〇世紀ドイツの生んだ傑出した法学者であり、類まれな法思想家にしてまさしく偉大な憲法裁判官のひとりであった。それだけではなく人間として非凡な方であった。早や逝去されて一〇年余が過ぎ去った。私にとっては、ドイツで何かと指導をいただいた終生忘れえぬ恩師のひとりである。

ここで特に教授の生涯と業績を素描することにしたのは、ひとつにはその学恩に謝意を表し、教授を偲ぶ機縁としたかったからである。このように巨大な足跡を残した教授の姿を、いささかなりとも親しみやすい形でここに描き出すことができたとするならば、この拙文にも何がしかの意味があるというるであろう。

ライプホルツ教授の業績は、ドイツ語圏の内外にわたって知られ、その活動ぶりの記録はきわめて多いが、この稿を草するにあたっては特にChristoph Link, Zum Tode von Gerhard Leibholz, in: Archiv des öffentlichen Rechts, Bd. 108, H. 2, Juli 1983, S. 153~160. を参照した。しかし、以上の叙述は、あくまでも私自身の理解を媒介とするものであることをおことわりしておきたい。

（書斎の窓四二三号、四二四号、一九九三年四月、五月）

38 ゲルハルト・ライプホルツの人と学問

ゲルハルト・ライプホルツは、一九八二年二月一九日、八〇歳と三カ月に及ぶ多彩な生涯を閉じられた。そのわずか三カ月前、ライプホルツの八〇歳の誕生日を記念してゲッティンゲン大学法学部の主催で開かれた『現代立憲国家における平等原則』に関するシンポジウムには、彼はまだ元気な姿を見せていた。他界の数日前にもライプホルツは、ヴェルナー・ヒルとのラジオ対談で、政党制や代表制の問題についてその見解を吐露し、学問的活動や裁判官としての活動をふりかえりながら、自分の生涯について——その総決算でもあるかのように——語っている。

ライプホルツは、一九〇一年一一月一五日、富裕な工業家の子息としてベルリンで生まれた。彼は非常に若くして学問を始め、じつに一九歳の若さで『フィヒテと民主主義思想』(Fichte und der demokratische Gedanke) に関する論文を書き上げ、ハイデルベルク大学で哲学博士の学位を授与された。その後二つの法律国家試験を受け、一九二五年にはハインリッヒ・トリーペルのもとにかの有名な博士論文、『法律の前の平等』(Die Gleichheit vor dem Gesetz) を提出している。この論文でライプホルツは、法実証主義的な考え方に批判を加え、スイスやアメリカにおける法の実践と結びつけながら、平等原則は単に裁判官や行政官だけでなく、立法者をも拘束し、その立法活動の自由にまで限界を画するものであると主張した。この新しい考え方は、論議を重ねるごとに、十分に認識せられ、学界において「支配的学説」と認められ、ライヒ裁判所の判決にも採り入れられるほどにその地盤を獲得していったことは人の知るごとくである。ライプホルツのこのテーゼは、戦後ドイツにおける法の実践に強い影響を与えた。連邦憲法裁判所は、その判決において、恣意の禁止としての平等原則という概念規定をさまざまな批判的異論があったにもかかわらず明確に承認していると見ていいであろう。彼の学問活動を裏付ける知識は、すでに若くして確立していたといっていい。このことはまた特に、一九二九年に公刊された教授資格論文『民主制における代表』（Die Repräsentation in der Demokratie）についてもいえることである。両論文とも戦後、版を改めて出版された。

一九二九年、外国公法および国際法に関するベルリン大学カイザー・ヴィルヘルム協会研究所の研究員であったライプホルツは、グライフスヴァルト大学の教授として招かれ、公法および一般国家学の講座を担当した。一九三一年、ゲッティンゲン大学に招聘された。ナチス独裁時代には中断を余儀なくされたが、ライプホルツは、五〇年の長きにわたってこの大学に在職した。

七〇歳と八〇歳の誕生日を記念して、その膨大な著作・論文のリストが一九七二年、フランツ・シュナイダー（Franz Schneider）の手により“Bibliographie Gerhard Leibholz”と銘打ってJ. C. B. Mohr（Tübingen）から刊行されている。ライプホルツはその第二版を八〇歳の誕生日に受け取ることができた。ライプホルツの思想的所産の国際的影響のほどは、彼の著作が一九三〇年以来、一六カ国語に翻訳されていることからも伺い知れるだろう。彼は特に外国法の発展動向に活発な関心をもち続けた。彼に対する国際的評価も実はこの点に由来するといってよかろう。一九五一年以降、ライプホルツがその編集を手がけてきた『現代公法年鑑』(Jahrbuch des öfentlichen Rechts) は、世界的に大きな反響を呼んだ。第三〇巻までが彼の手によって編集されたものである。

ライプホルツは一九二八年からドイツ国法学者協会に所属している。彼は二度にわたって報告をおこなった。一九三一年にはハレ国法学者大会で「選挙法改正とその基礎」(Die Wahlrechtsreform und ihre Grundlagen) について報告した。この報告は、一九三二年にVeröfentlichungen der Vereinigung der Deutschen Staatsrechtslehrer, Heft 7として――「旧協会」の最後を飾るものとして――出版されたが、そこにはその後のドイツの政治状況を予言するかのごとき印象的な言葉が述べられている。それはまさに当時三〇歳であったライプホルツの政治的な判断力を証明する印象的な言葉といってよいだろう。――一九六五年にはライプホルツはヴュルツブルクで「国家と団体」(Staat und Verbände) について報告をおこなった (VVDStRL, Heft 24 1966)。この報告のなかの言辞が問題とされ、政党への財政援助に関する訴訟において憲法裁判官ライプホルツは、不公正のおそれのゆえをもって忌避されたが、彼は特別騒ぎ立てるようなことはしなかった。彼は裁判官としての自己規律や同僚意識や協調性という点で、他人もまた自分と同じように自主性を強く備えたものとして深くこれを尊重し、それによって少しも動ぜず、毅然たる態度を失わなかった。

一九三五年、ライプホルツはニュルベルク法により強制的に退職させられ、一九三八年、彼はついにイギリス亡命を決意することになった。イギリス亡命への道程も、亡命さきでの生活自体も、困苦に満ちたものであった。彼は妻に大きく支えられながら、打ちひしがれることなく家族とともにこれを克服した。ディートリッヒ・ボンヘッファーの双子の妹である彼の妻ザビーネ・ライプホルツは、この間の事情を、「ボンヘッファー家の運命」という副題のついた本、『過ぎ去りし過去・体験・超克』のなかに切々と描写している (Sabine Leibholz (geb. Bonhoeffer), Vergangen, erlebt, überwunden. Schicksale der Familie Bonhoeffer, 1. Aufl., 1968)。人は恐怖と感動なしにこれを読むことはできないだろう。イギリスではチチェスター司教と協力しその同調者としてヒトラー国家と区別すべき「もう一つのドイツ」についての理解を得るため尽力していたが、徒労に終わった。亡命中は「敵性外国人」として一事抑留されたが、一九四〇年七月末に釈放される。家族とともにオックスフォードに住み、オックスフォード大学で客員講師の職を与えられたことは不幸中の幸いであったといっていい。この間の学問的成果にも注目されるものがある。数多くの論文がその何よりの証拠であるが、この時代を飾る最も主要な作品は、一九六五年にオランダで出版された『政治と法』(Politics and Law) という論集であろう。

一九四六年、ライプホルツはゲッティンゲンに戻り、再び教鞭をとりはじめた。彼は初め正教授の申出を断わった。一九五七年になってようやく彼はゲッティンゲンの新設講座「政治学および一般国家学」の正教授としての招聘を受諾した。ニューヨークとケルンの各大学からも招かれたが、彼はそれには応じなかった。連邦憲法裁判所裁判官としての在職中もライプホルツはゲッティンゲンで教鞭をとっていた。彼は二〇年間の永きにわたって連邦憲法裁判官の職にあり、選挙法、国会法、政党法などの分野における判決形成に大きな影響を及ぼし、また彼がすでに早くから唱えていた恣意の禁止としての平等原則の実践的意義に関する基本的見解にも多大の影響を与えた。ライプホルツは早くから連邦憲法裁判所を、その使命と職責にふさわしく最高の憲法機関として位置づけるために多大の努力を傾けた（その詳細については、vgl. Der Status des Bundesverfassungsgerichts: Eine Materialsammlung mit einer Einleitung von Gerhald Leibholz, JöR Bd. 6, 1957, S. 109ff）。ライプホルツの「世界的名声」は、彼の六五歳の誕生日を祝して出版された記念論文集『現代デモクラシーとその法』（Die moderne Demokratie und ihr Recht, 1996）に八〇名以上にものぼる内外の著名な執筆者が寄稿し、その人と作品の異常な放射力に心からの尊敬と敬愛の念を表していることにも、示されている。

裁判官を退いた後ライプホルツは、一九七二年の初め、完全にゲッティンゲンに引き上げた。ヘルツベルガー・ラントシュトラーセのあの古いしかし素晴らしい自宅には、頻繁に世界各国からの学者やゲッティンゲンの同僚たちの訪問が相次いだ。それらはこの家の主よりも一世代以上も若い人びとであった。その著作目録が示すように、最後のゲッティンゲン時代にも、数本の論文が書かれている。訪問客に対しゲルハルト・ライプホルツは、まったく何の屈託もなく接し、上品なユーモアを交えながら語り、謙虚な態度で人の話に忍耐強く耳を傾けた。

ゲルハルト・ライプホルツの死によって、ドイツ国法学はその偉大な学者のひとりを失った。永い年月の後、いつの日にかドイツ連邦憲法裁判所の歴史に筆が染まるとき、ゲルハルト・ライプホルツは、必ずやその歴史の重要なページを飾るにちがいない。

ライプホルツは私にとって、ドイツで何かと指導をいただいた終生忘れえぬ恩師のひとりである。ゲッティンゲンの自宅にライプホルツ教授を訪問した日の印象は、いまなお鮮明で忘れることができない。いろいろと個人的な指導をいただくことができたことは、この上ない幸せであった。

今後私は、明治大学における研究教育にも、この偉大な学者から学んだ教えを可能な限り活かしていきたいと念じている。

〔付記〕　本稿は私が一九九六年一〇月二四日に明治大学法学研究会でおこなった報告を要約したものである。報告はI若き教授時代、II波瀾の亡命時代、III憲法裁判官時代、IV死の反響、という順序でおこなったが、紙数と時間の制約もあって、ここには、そのすべてを叙述することはできなかった。思いきって圧縮し、要約したものを記録として残すにとどめる。寛容を請いたい。

（法律論叢六九巻六号、一九九七年三月）

V

読書随想ほか

39 読書随想

——人生の書——

河合栄治郎の『学生に与う』を最初読んだのは一六、七歳の頃である。一八〇度価値観の転換した戦後の時代の中で、感受性の強い青春期を過した私にとって、これほど何回とかぞえきれないほど繰り返し愛読し、最も感銘を与えられた書物はほかになかった。

私個人について語るのを許していただければ、敗戦によって父が公職追放になっていたので、進学するにしても家からの学資を仰がずにやらなくてはならぬという状況に置かれていた私は、自分の進む方向が見いだせないまま、何のために生まれ、何のために生きてゆくのか、と思い悩みつつ、まとまった勉強もしないで、いろいろの本を読んで過していた。そのときこの書物は、私の胸に深く応えたのである。感激してむさぼるように読んだ。それまでの不安や焦躁感が消え、私は自由になった感じがした。

この本で河合栄治郎は、人生の目的を論じ、社会や国家や学園生活の意義を述べ、道徳や芸術や宗教を語り、親子や師弟愛などについてその思索のエッセンスを真摯に説きつづける。『学生に与う』という題名に、上から与えられるという態度を感じるどころか、私は、河合栄治郎のこの本によって心をゆさぶられ、その行間に青年学徒に未来を託そうとする情熱と深い愛情を感じ、学校で求めることのできなかった感動を覚えた。私はこの本を人生の書として読んだのだった。

心を鼓舞するこの本を読んで、おかげで「眼が開けた」というのが実感だった。おそらくこのときから私の心に人生を明るいものに考える境地が芽ばえそめたのであろう。私にとってこの本は、この上ない慰めであり、励ましであった。

『学生に与う』は最初、戦時下の一九四〇年六月、日本評論社から刊行された。そして戦後間もなく、社会思想社の「現代教養文庫」に復刊された。一九六七年九月にはさらに、『河合栄治郎全集』第一四巻として社会思想社から刊行されている。いま比較的容易に手にはいるのは、「現代教養文庫」本だろう。私はいまでもあのときに読んだ初版本を持っている。

久しぶりで、こんど私は『学生に与う』を読み直してみた。時代が変り、教育制度も大きく変ったが、いまも教えられるところが多い内容を含んでおり、私にとっては心の糧、心の支えともしてゆきたい書物だとつくづく思う。いまの私の考え方、生き方に大きな影響を残している書物は、それほど多いとは思えないが、この本は、種々の形で私の上に大きな痕跡を残している。

河合栄治郎の数多くの文章の中で、いまの私には、『学生に与う』の中の次の言葉が貴重な啓示のように感じられる。「教師は単に学者であってはならない。学者は研究室に立てこもって研究にいそしめば足りるが、学校で学問を教育するものは、学者であるとともに教育者でなければならない。」(「現代教養文庫」本、四三頁)。私は、この言葉で、教師としての心の眼を開かれたといっても言いすぎではない。たとえ多少の研究が遅れようとも、大学教授の教育的任務を十分評価し感謝して、研究への焦躁を軽減せしめねばならないと思う。

河合栄治郎の文章は私にとって、人生の灯台といってよいだろう。

（法学セミナー四二三号、一九九〇年三月一日）

40 イギリス国民の歴史（全三巻）

（J・R・グリーン著、和田　勇一訳、篠崎書林、一九八五―八七年）

大河小説の興趣　身近に

先ごろその翻訳が完結した『イギリス国民の歴史』全三巻は、十九世紀イギリスの歴史家J・R・グリーンの著した名著である。

この本は古代イングランド（六〇七年）からワーテルローの戦い（一八一五年）にいたるイギリスの歴史について考察を試みたもので、全十章から成る。第一章「イギリス諸王国」、第二章「外国諸王下のイングランド」、第三章「大憲章」、第四章「三人のエドワード」、第五章「百年戦争」、第六章「新王政」、第七章「宗教改革」、第八章「清教のイングランド」、第九章「革命」、第十章「近代のイングランド」。

右のような構成であるが、この本は長いイギリスの歴史の諸相を「民衆の生活の中に探る」という視点から、十九世紀初頭までの歴史上の重要な出来事を、その時代の生きた人間の活動にからめて社会史的背景のもとに形象化し、ヴィヴィッドに描き出しており、まことに興味深い。訳者はあとがきで史実はこのような叙述によって生きた姿に蘇ると言っているが、なるほどその記述には歴史過程のなかに躍動する人間像を浮かびあがらせる絶妙な力がある。クロムウェルやチャールズ一世も身近な「実在」の人物として生き生きと認識し感知することができるし、政府の植民地政策を批判しアメリカの自由のための戦いを擁護する大政治家ピットの熱弁の場面は、その不思議な魅力をほうふつとさせるという具合で、読み進むにつれて読者に「大河小説」の興趣をもりあげてくれる。

また議会制民主主義の祖国といわれるイギリスが、どのような歴史的展開の過程をたどりながら「自由」と「法」を尊ぶデモクラティックな精神を築きあげていくかを、政治的な社会状況の変貌と対応させながら如実に映し出すものとなっていて、その点でもきわめて興味深く、貴重である。

イギリス国民の多彩な歴史の相貌を見事に描き出したこの本は、それとして面白いだけでなく、同時に歴史の転換期に生きる現代のわれわれにとって多くの有益な示唆を与えてくれるように思われる。広く一読を勧めたい。

実は、原著の存在を筆者がはじめて知ったのはずいぶん前のことで、それは河合栄治郎の『学生生活』(昭和十年)によってであった。この大冊が、信頼できる訳者の手によって流麗な日本語で読みうるものとなったことをここに喜ぶとともに、訳者の労に深い敬意を表したい。

(熊本日日新聞　出版文化賞選考委員選評　一九八五年二月八日)

41 自著を語る――『憲法論攷』（啓文社、一九八五年）――

拙著『憲法論攷』は、去る〔一九八五年〕七月、啓文社から発行された。まえがき、目次、ともに四頁ずつ、本文二二四頁。B六版である。

内容は、I講演・論説、II新聞雑誌時評、III翻訳あとがき、IV欧文書評の四つのパートからなっている。おさめる論稿あわせて三〇篇。そのテーマは多岐にわたっているが、いずれも憲法の視角から論じたものばかりである。

Iの講演・論説は、かならずしも学術研究論文という性格のものではない。その内容が学術的で理論的なものも含まれてはいるが、だいたいからいうと、教育ないし啓蒙の目的をもつ。私が終始最大の注意を払ったのは、それぞれの憲法問題について、はっきりした視点と論点を正しく提示するということであった。

ここではまず、Iのパートにおさめられた論稿をごく簡単に紹介しておこうとおもう。最初の「憲法よもやま話」は、憲法あるいは憲法政治に関する私の基本的な考え方をのべたものといえるようである。一九八二年五月号の『書斎の窓』にのったものである。

「憲法と信教の自由」は、信教の自由を完全なものにするためには、国家と宗教との結びつきをきっぱりと断つ必要があることを説いたものである。最近における国家と神社との結合の動きは、もちろん、容認するわけにはいくまいとおもう。「障害者と人権」は、個人の尊厳とともに、人間平等の精神を強く訴えたものである。

「補償の要否と直接憲法に基づく補償請求」は、最高裁判例の批判的な研究である。芦部信喜教授編別冊ジュリスト『憲法判例百選I』のために書いたので、他の論稿とは、叙述のスタイルが、ちがっている。この本におさめるにあたって、それに若干の補正を加えた。

「議員の不逮捕特権」と「議員の免責特権」は、判例や国会の先例などをフォローしながら、問題の諸論点を解説したものである。「参議院の緊急集会の権能」は、憲法に明文の規定を欠くため争いがあるが、緊急集会の要件および性格を論拠に緊急集会の権能には一定の制約があることを明らかにしたものである。

「議会政と直接民主制」は、日本公法学会での報告で、さきに『公法研究』三九号に発表された。ワイマール憲法とボン憲法における直接民主制を検討し、現代の政党国家的民主制のもとにおける議会の機能変化を解明することをねらったものである。

「西ドイツ大学の現状」は、一九七五年一一月の全国厚生補導研究集会での報告である。西ドイツから帰国後一年有余のころであったが、私の垣間みた西ドイツ大学の近況の一端と若干の印象をのべたものである。もう一〇年も前の古いことで、今日とその事情を異にする点も少なくないが、やはり、留学当時の西ドイツ大学の印象記としてそのまま残すことにし、それに手を加えることはしなかった。いちばん最後におさめられた「偉大な憲法裁判官――G・ライプホルツ教授のこと――」は、私がドイツで特に親しくご指導をいただいた恩師ライプホルツ教授の面影をしのび、学恩に感謝しつつ筆をとったものである。

パートIIの新聞雑誌時評は、時の問題に関する評論とでもいうべきもので、憲法上または政治上のアクチュアルな問題に関し学徒として憲法学的反省を加えたものである。ここにおさめる文章は、選挙や地方自治のあり方に関するものをはじめ、参議院の使命、憲法尊重擁護義務、憲法の使命と運命など一三篇。これらはいずれも、日本の政治や行政が、どこまでも憲法の理念や精神をその主たる指導原理として行なわれなくてはならぬという私の信念――政治的立場から独立に、まったく理論的な立場――によって貫かれているといっても、かならずしもいいすぎと咎められることはなかろうとおもう。どれもみな短いけれど重要な指摘を含んだ文章だと私はおもっている。法律雑誌ジュリストと国会月報に書いた二篇を別とすれば、朝日新聞の論壇や、読売新聞または熊本日日新聞の文化欄などにのったものである。

IIIの翻訳あとがきは、これにドイツ語論文の紹介ないしコメントとしての意義をもたせようという気持なのである。ただしここには私の研究と縁の深いもの五篇だけをおさめるにとどめた。

IVのパートの欧文書評は、二篇とも、原著者ヘルムート・ルンプ博士（一九一五年生まれ。W・イェリネックのもとで公法・国際法を学んだ公法学者として令名あり、わが国には、つとに、『法治国における統治行為』の著者として知られている。現在、ボッフムのルール大学名誉教授。）から贈られた本を通読し、その感想を書評ふうに書きとめてみたものである。短評ではあるが、ドイツ語で書いたごく簡単な記録である。

以上のとおり、この本は、ちょっと風変りなものになったようであるが、私がこの一〇年の間に発表してきた憲法に関する講演や論説ないしは評論の類をとりまとめて記録したものであるに過ぎない。かえりみてこの一〇年間の私はなによりも大学での講義をゆるがせにできない最も重要な教育的任務と考え、その準備にかなり多くの時間と労力とをさいたので、その反面、著作の筆はすすまなかった。この本に拾い集めた論稿は、そのときどきの編集者の求めにうながされて書いたものが多い。まことにささやかで未熟なものであり、文章もけっして巧みではない。

それだのに、こんな作品を世に送りだす所以は、憲法は国民生活のなかに生きていなければならないものであり、それを社会のなかに生かすために、できるだけの努力を傾けたいという念願以外にはないのである。もしこの本の存在に少しでも意味があるとすれば、この点であろう。願わくは一篇一篇の文章にも、その背後に、あるいはその基礎に、私自身のそのような気持が、自然とでていることを感じとってもらえれば、さいわいである。

（地方自治職員研修、一九八五年一一月）

42 法律は何のために
――混乱なく平和に暮すために――

私たちはロビンソン・クルーソーのようにたったひとりで生活しているわけではありません。多くの人びとが集まって社会をつくり、生活しているのです。みんながわがまま勝手にしていたのでは、たちまち混乱状態になってしまいます。平和にくらすには、おたがいの間を規則正しくまとめることが必要です。このきまりが法律です。

日本には、くらしの中のいろいろな物事にかかわるたくさんの法律があります。これらは、国会議員という国民からえらばれた代表者が、国会で相談しながら国民全体の利益になるように決めたものです。では、私たちの社会生活に特に関係の深い法律をいくつか紹介しましょう。

憲法は、たくさんの法律の中でもいちばん大切なものです。国民全体の考えで国を治めてゆこうという民主主義の立場にたって国の政治のありかたを定めています。また国民はだれでも人間として大切にされ、幸福をねがう権利や自由、つまり基本的人権をもっていることをはっきりと定めています。

憲法では、民主と平和と人権という大切な国の目標がきめられ、これにそってすべての法律がつくられることになっています。それにあわないような法律は認められないのです。憲法はこのように、国と国民のすべての活動の基準になるきまりを定めたものです。だから、国の「最高法規」といわれています。

国と国民との関係ではなく、人と人との関係など日常生活については民法という法律があります。たとえば、家族の間のもめごとや親の財産などの受けつぎかた、家や土地をもつことについてのきまりなどを定めています。

どのようなことをすると犯罪になるか、どのような刑罰を受けねばならないかということについては、刑法という法律があります。人の物を盗んではいけない、人を殺したり傷つけたりしたら罰せられるというようなことは、人間の社会生活では当然と考えられることですが、そのような人に罰を加えるのは、裁判所が刑法のきまりにそって決めることになっています。

商法という法律では、会社をつくったり、商売をしたり、手形をだしたりするのに必要なとりきめを定めています。所得税法は、国民に税金を納める義務を課しています。しかし、この法律は国に対してこの基準によらなければ税金をとってはいけないという義務も課しています。

このほか、はたらく人の権利を守るために労働組合法や労働基準法というような法律があります。はたらきたくても、しごとがなくて、くらしに困っているような人のためには、生活保護法があります。子供の幸福を守るためには、児童福祉法という法律があって、まずしくて学校に行けない子には、学用品や給食のお金をだしてくれたりします。教育の制度を決めているのは、教育基本法や学校教育法などです。

このように見てくると、法律が私たちの生活にどんなにとけこんでいるかが分かるでしょう。法律に従って行動することによってこそ平和に明るくくらすことができ、社会の進歩と発展も可能になるのです。社会が乱れると、国民の幸せも文化の向上も期待することはできないでしょう。

（熊本日日新聞　〈なぜなぜ質問箱〉小学五年生への解答　一九九五年五月一四日）

43　税大教育に思う

税務大学校が発足してから、今年〔一九八四年〕でもう二〇年になるという。ご指名があったので、この機会に、税務大学校の教育について、少し考えてみたいと思う。

税務大学校は、いうまでもなく、有能で立派な税務職員の養成をめざす国税庁の研修機関である。したがって、ここでの教育は、一般大学での教育とはかなり違った意味があることを見のがしてはならないと思う。

税務行政は、国家財政の基礎をなす重要な仕事であり、しかも国民一人一人の生活に直接影響を及ぼす大切な仕事である。その本来の使命は、憲法の要請する租税法律主義の原則にのっとり、公平かつ適確な租税の賦課徴収を行なうことにある。だから税務職員には、この点において、租税法の解釈適用に誤りなきを期しうるよう十分に研修訓練をつむことが、何にもまさって、つよく要請されなくてはならない。税務大学校に課せられた重要な使命のひとつは、まさにそのための教育を行なうことにあるといえるだろう。

税務大学校の教育を特色づけるものは、さればこそ実務に役立つ専門教育にあることは明瞭である。このことは、学科目の配置等にもはっきりあらわれている。そこでは、その特異な教育目的を達成するための適切なカリキュラムが組まれているから、生徒たちが道に迷うという心配は少しもなかろう。それは、税務大学校の教育目標から見るかぎり、たしかに合目的的だといえる。

いささか私事にわたって恐縮だが、私が税務大学校の普通科を教えるようになってから、はや一〇年をこえる。講義はいつも普通科課程のために定められた「指導目標、指導内容および時間配分」を目安としてやっているが、次代の税務職の担い手の養成とあって、自分の大学の場合とは教育目標が違うし、時間数も異なっている。したがって、その教え方にもとりわけ工夫が必要であることは、明瞭だろう。

私としては、できるだけ平易明快な言葉の中に水準を落さない内容のある講義をと心がけてはいるが、かえりみてじくじたる思いを深くせざるをえない。憲法の場合は実定法としては非常にイデアリテートが高いから、現実から離れる危険がある。憲法規範の趣旨・目的に最も合致した客観性の高い解釈を絶えず努力して追求していくように心がけている。若い生徒たちが、真剣に講義をきいてくれるのをみて、教師という仕事のいかに責任の重いものであるかを、痛感させられるのである。

ただ気がかりなのは、どうもカリキュラムが過密であり、一年という短期間でこれだけの教科内容が、はたして、十分に理解され、吸収消化されうるか、である。ここが大いに気にかかる点である。税務大学校の教育において、専門の知識や技能の修得がきわめて重要であることは、否定できないところと思われる。そうした教育が税務職員の資質の向上に大きく寄与することは、疑いないだろう。しかし、税務大学校でなすべき教育的任務として、さらに生徒の人格の成長に留意すべきことを、忘れてしまってはいけないだろう。公務員として互いに人格の陶冶に努め、豊かな広い教養をしっかり身につけさせるということも、けっして軽視されるべきではない。これは、われわれが税務大学校の教育について考える場合に、少しでも考慮の外に置いてはならぬことだろうと思う。

寮生活を営むこととなっているのは、意義深いことといわなくてはならない。寮生活を通じてえられる大きな恵みは、同じ仲間の共同生活から刺激と鞭撻とを受けるとともに、生涯を通じての親友がえられることであろう。寮生活という集団生活の中で利己的な考え方を自制し、互いに譲り合って協調する精神をもつところに、すばらしい友情がつちかわれるものである。美しい友情、喜憂を共に語り合える心の友というものが、いかに貴重であるかは、ここでやかましく論ずる必要はあるまい。

税務大学校に学んだ人たちが、その使命と責任を自覚し、税務行政の分野で、十分に活躍されることを、講師の一人として、祈ってやまない。

（税大通信二一一号、一九八四年三月一日）

44　大学受験生への助言

君たちは、もう目前に迫った大学入試を意識して毎日を送っていることであろう。

君たちは日本という受験国の学生として、これまでもいくたびか試験というものに悩まされてきたに違いない。いまの大学入試のあり方については、いろいろな批判がありうるだろう。しかし、君たちは入試のあり方に批判を試みる前に、それを受け入れ、君たちのめざす人生の目的にとって、入試が唯一至上のものではないにしてもかなり大切なものであることを正しく認識する必要があるであろう。

このごろは「受験地獄」という言葉がさかんに使われているが、「地獄」というのはすこし度がつよすぎる。今日のように多くの青年が大学に進学するようになり、しかも大学教育を万人に保障することのできない現状では、入試が不可避なものにならざるをえない。国民の社会的生活能力の基礎は教育にあるのだから、大学への進学は、当然の人間的要請であると考えてよい。いたずらに悲壮感にひたることなく、勉学に専念するように心がけねばなるまい。

少々荒っぽい議論だが、見方によれば、若い日に入試のために精力を傾けることは、君たちにとって絶好の鍛錬場である。何事にも努力奮闘することは、君たちの人生そのものに必要な能力であって、君たちはいま入試を機縁として人生の苦闘を味わいつつあるといってよい。君たちの人間的成長にとって、受験生活はけっして無意味なものではないのである。私自身のきわめて個人的な体験からいっても、ある程度まで自己を規制し、苦労して得たものだけが成長の糧となると信ずるからである。持続的なエネルギーとかなりの忍耐が必要な受験勉強は、人間を鍛えるのにも役立つことはたしかである。

もっと勉強すればよかったと悔いないように、一日一日を有意義に過ごされることを切望してやまない。

（フレッシュ・エイジ二三一号「巻頭言」、一九八四年六月）

45 私の好きな言葉　Eile mit Weile

「急がば廻れ」これが私の好きな言葉である。私のモットーである。私の生活体験から得た信条の一つである。ドイツ語の〝Eile mit Weile〟というのと同じ意味であって、特別にのろのろせよという意味ではけっしてない。

受験生にとっては、自分のペースを乱してまで他人を追い抜こうとあせってはならない、ということになろう。なんという示唆に富んだ言葉であろう。

受験勉強に没頭していると、ときには必要以上にあせったり、友人たちの猛烈な勉強ぶりをみて劣等感におちいってしまうことがあるだろう。けれども、あまりあせってはいけない。あせるのはかえって能率をそぐことになるのである。自分の能力に応じて自分のペースで歩むのが、結局は、最も正しい生き方だと私は信じている。

受験に役立つことだけを暗記し、進学技術を要領よく身につけるというのでなく、もっと基礎的な学力を養い、それぞれの個性に応じて将来の進路を決定しなければならないとおもう。着実な努力こそが成功への近道である。

自分の実力をしっかりと見つめ、希望をもって絶えず努力をしてほしいとおもう。

（フレッシュ・エイジ二六五号「巻頭言」、一九八七年四月）

46 大学受験生に望む

受験勉強に没頭していると、焦燥と不安の気持で胸がしめつけられることもあろう。

進学第一主義のような学校教育のゆがみのなかで、高等学校の教育は、もっぱら大学へ「進学」するための修練場の役割を演じるようになっている。大学入試は受験生にとって忍耐強い努力を要する関門といってもいい。血眼になるのは無理もなかろう。

けれども、何より大切なのは「一流大学」「有名大学」に進学するだけで人生がきまるものでない、ということを理解することであろう。ただ単に学歴や肩書がものをいった時代はもう過ぎ去っている。これは、いいことである。民主的というに値いする。将来の社会を背負うきみたちは、何をもって社会に寄与しうるかをよく考えて、自分の生涯の方向を定めなくてはならぬとおもう。

進学はきみたちにとって見栄や体裁であってはならない。学ぼうとする意欲と情熱をもって大学にきてほしい。個性と能力を生かしつつ、人間としての豊かな情念を身につけ、おもむろに自分を磨き育ててゆくという心がけが大切である。

志望の大学や学部を選択するにあたって、ただその大学の卒業証書がほしいからというのは、感心しない。冷静に自分の将来を見つめ、どこまでも自分の性格や長所を伸ばしてゆくことを考えてもらいたい。

健康に注意し、あせらず着実に勉学せられんことを祈ってやまない。

（グリーン・ライフ七七七号「巻頭言」、一九八七年四月）

47　研究室だより
――政党法のことなど――

私の研究テーマは、政党の法理論の究明である。わが国には「政党法」という名のまとまった法典はまだない。政党を法的にとらえるという視点が欠けているからである。

一九四九年のドイツ憲法では、ナチ党によるワイマール民主制の崩壊という歴史的事情を背景に、政党が憲法上の制度として明確に承認された。政党は国民の政治的意思の形成に協力すべき任務を負った。この憲法規定の具体化は法律に委ねられ、一九六七年七月に、世界にさきがけて「政党法」が制定された。

そこで私は、「立法の処女地」にはじめて踏み込んだこの政党法をつかまえて、その内容を深く探究していくという研究方法をとった。政党法は、政党の法的地位と任務を明確にし、政党の内部秩序の民主化、資金の出所と使途の公開、政党への国庫補助の在り方などを詳細に規定している。

私は政党法の形成と展開の過程を、理論と実践の両面から研究し、大小いろいろの論文を書いた。一九六七年一〇月の日本公法学会では、成立したばかりの政党法をわが国にはじめて紹介した。政党法研究の先鞭をつけた。議会資料や連邦憲法裁判所の判例は有力な資料であった。学者の著作ではとりわけ

G・ライプホルツ教授に理論面で学ぶところが大きかった。二年にわたるドイツ留学で「政党法の父」といわれ「政党国家論の始祖」とも称されるライプホルツ教授の指導に接し得たことは、私にとってひとつの大きな幸運であった。ライプホルツ教授の学説に共感し、帰朝後、「政党国家と代表民主制」をはじめいくつかの著作を選んで翻訳し、『二〇世紀における民主制の構造変化』を編んだ。ドイツ留学は、その後の私に大きな影響を与えたと思う。そこでの自由な学問的雰囲気ともいうべきものが、今もなつかしい。

たゆまず続けた政党法の研究は結局、私の学位論文となった。『ドイツ政党法の実証的研究』がそうである。

今後の研究過程においては、学問や思想も「人である」という視点から、人柄の高潔にして穏雅なゆえに心惹かれるライプホルツ教授の評伝を、ぜひともまとめたいと思っている。

（明治大学大学院広報シンポジオン一九号、一九九八年八月）

索　引

〈た 行〉

〈な 行〉

〈は 行〉

〈著者紹介〉

竹内重年（たけうち　しげとし）
1933年　岡山に生まれる。
現　在　明治大学教授　法学博士
専　攻　憲法・行政法
著　書　『憲法のしくみ』啓文社／『憲法論攷』啓文社／『憲法講話』信山社／『学窓からの社会寸評』啓文社／『憲法の視点と論点』信山社
近刊予定『ドイツ政党法の形成と展開』『政党の憲法理論』（いずれも信山社）
訳　書　『法治国における統治行為』早稲田大学比較法研究所／『20世紀における民主制の構造変化』木鐸社

憲法の視点と論点　新版

1996年（平成8年）12月10日　第1版第1刷発行
2000年（平成12年）3月30日　新版第1刷発行

著　者　竹　内　重　年
発行者　今　井　　貴
発行所　信山社出版株式会社
〒113-0033 東京都文京区本郷6-2-9-102
電　話 03（3818）1019
FAX　03（3818）0344

Printed in Japan

 印刷・製本／勝美印刷・文泉閣
ISBN4-7972-1929-7 C3332（2900）
1929-010-015
NDC分類 323.101 法律・憲法

信山社

日本国憲法50年記念出版
大石 眞／野坂泰司 編 （全12巻）

憲法叢書 統治の思想としくみ

四六判 二〇〇～二五〇頁
上製カバー 予価 二五〇〇円

大石 眞（京都大学）
第一巻 立憲民主制 二、四〇〇円
高田 篤（広島大学）
第二巻 政 党
原田一明（国学院大学）
第三巻 議会制度 二、六〇〇円
吉田栄司（関西大学）
第四巻 行政統制
初宿正典（京都大学）
第五巻 国家行政組織
高橋和之（東京大学）
第六巻 議院内閣制
笹田栄司（金沢大学）
第七巻 裁判制度 二、六〇〇円
野坂泰司（学習院大学）
第八巻 憲法訴訟
安念潤司（成蹊大学）
第九巻 財 政
渋谷秀樹（大阪府立大学）
第十巻 地方自治
長谷部恭男（東京大学）
第十一巻 憲法保障
高見勝利（北海道大学）
第十二巻 戦後憲法史

栗城寿夫 著
一九世紀ドイツ憲法思想の研究 一五、〇〇〇円
憲法の具体化・現実化 続刊
竹内重年 著
憲法の視点と論点［新版］ 二、八〇〇円
政党の憲法理論 続刊
ドイツ政党法の形成と展開 続刊
田口精一 著（著作集全三巻）
基本権の理論 一五、五三四円
法治国原理の展開 一三、八〇〇円
行政法の実現 続刊
小島和司 著
日本財政制度の比較法史的研究 一二、〇〇〇円
池田政章 著（全三巻）
憲法社会体系 Ⅰ一〇、〇〇〇円
Ⅱ一三、〇〇〇円 Ⅲ一三、〇〇〇円
渋谷秀樹 著
憲法訴訟要件論 一二、〇〇〇円
芦部信喜 著
憲法叢説（全三巻） 各二、八一六円
小林孝輔 著（全三巻）
戦後憲政年代記 (1)(2)二、九〇〇円 (3)三、五〇〇円
高田敏・初宿正典 編訳
ドイツ憲法集（第二版） 三、〇〇〇円
芦部・高橋・高見・日比野 編著
日本国憲法制定資料全集（全一五巻） (1)三三、〇一〇円 (2)三五、〇〇〇円
菊井康郎 著
わが国の内閣制の展開 八、二〇〇円

行政行為の存在構造 八、二〇〇円
君塚正臣 著
性差別司法審査基準論 一一、〇〇〇円
原田一明 著
議会特権の憲法的考察 一三、二〇〇円
土屋英雄 編著
現代中国の人権 一九、三九八円
中村睦男 編
議員立法の研究 一一、六五〇円
棟居快行 著
人権論の新構成 八、八〇〇円
内野正幸 著
社会権の歴史的展開 六、九九〇円
笹田栄司 著
実効的基本権保障論 八、七三八円
井上典之 著
司法的人権救済論 八、八〇〇円
渡辺久丸 著
請願権の現代的展開 九、五一五円
現代憲法問題の分析 四、八四〇円
現代スイス憲法の研究 一五、二三八円
稲 正樹 著
インド憲法の研究 六、三一一円
ドイツ憲法判例研究会 編
ドイツの憲法判例（品切） 四、六六〇円
ドイツの最新憲法判例 六、〇〇〇円
猪股弘貴 著
憲法論の再構成 一〇、〇〇〇円